李清娟　孔雪　刘慧 ◎ 等著

长三角：领跑“硬核”产业创新

YANGTZE RIVER DELTA: CHAMPION OF HARDCORE INDUSTRIAL INNOVATION

中国社会科学出版社

图书在版编目（CIP）数据

长三角：领跑“硬核”产业创新/李清娟等著．—北京：中国社会科学出版社，2023. 11

ISBN 978 - 7 - 5227 - 2661 - 8

Ⅰ．①长…　Ⅱ．①李…　Ⅲ．①长江三角洲—产业发展—研究　Ⅳ．①F127. 5

中国国家版本馆 CIP 数据核字（2023）第 190749 号

出 版 人　赵剑英
责任编辑　白天舒
责任校对　师敏革
责任印制　王　超

出　　版　中国社会科学出版社
社　　址　北京鼓楼西大街甲 158 号
邮　　编　100720
网　　址　http://www.csspw.cn
发 行 部　010 - 84083685
门 市 部　010 - 84029450
经　　销　新华书店及其他书店

印刷装订　北京君升印刷有限公司
版　　次　2023 年 11 月第 1 版
印　　次　2023 年 11 月第 1 次印刷

开　　本　710 × 1000　1/16
印　　张　15
字　　数　181 千字
定　　价　66. 00 元

凡购买中国社会科学出版社图书，如有质量问题请与本社营销中心联系调换
电话：010 - 84083683

序　　言

加快培育和发展“硬核”产业是中国经济社会全局和长远发展的重大决策，长三角地区作为中国经济对内对外“双循环”发展的枢纽以及创新发展的活跃地区，发展“硬核”产业更具重要作用。集成电路、生物医药、人工智能、数字经济等产业作为“硬核”产业，一直是中国产业发展的重点领域，促进“硬核”产业的集聚，是转变经济发展方式、调整产业结构和优化产业布局的重要途径，也是拉动经济增长和扩大就业的重要引擎。随着长三角一体化国家战略内涵的不断丰富，长三角地区“硬核”产业的领域从“点状突破”到“链式创新”进入新阶段。

基于长三角产业的发展历程及其集聚发展态势，通过产业链布局创新链、以创新链引领资金链的全产业链的布局，合力共建以产业集群为牵引的现代产业体系，符合中国调整产业结构、优化产业布局的底层逻辑。但全球局势在疫情和战争的影响下仍十分严峻，经济动荡和政治极化也进一步加剧世界经济和跨国投资复苏的困难。上海市作为长三角的龙头城市随着长三角一体化拟合度越来越高，“牵一发而动全身”的影响越发凸显，2022 年 3 月，受原材料、零部件供求关系不平衡、物流受阻、物价上涨、复产复工困难等因素的影响，疫情的阶段性攻击波及整个长三角乃至全国的多个地区。

同时，中国在嵌入全球价值链体系中长期努力形成的产业链格局备受冲击，部分产业有流向南亚、东南亚等地区的危机。随之而来的是维护产业链安全被提到了重中之重的位置，尤其是面对长三角地区产业总体上仍处于全球产业链和价值链的中低端的局面，长三角地区必须率先实现技术创新与“硬核”产业集群引领，在提振内需、谋求科技创新等新要求下，通过探讨产业发展的内在核心驱动机制，实现中国培育和发展“硬核”产业的现实需求，构建新兴“硬核”产业集群梯次发展体系，打造形成分工明确和相互衔接的产业集群发展格局。

本书基于产业创新相关要素展开论述，从长三角战略性新兴产业集聚的特有机制出发，聚焦分析“硬核”产业的集聚发展规律，收集了个案向一般性战略新兴产业丰富的理论，揭示了促进和抑制新兴产业集聚发展的演化机理，探讨了深化区域创新合作的方式，对提升长三角地区协同创新的能力意义重大。可以说，建立资源共享、互惠互利的长三角产业结构和产业布局至关重要，但其背后也离不开创新和金融等驱动因素的支撑。本书对于各项支持长三角“硬核”产业发展的要素都进行了细致入微的研究，研究成果起到引领带动经济社会全局发展的重大作用，对于优化重点产业布局和产业链深度融合具有推动作用，同时对未来发展和创新集聚具有极强的前瞻性。

李清娟博士及其研究团队近几年一直致力于追踪产业发展动态并进行了系统化研究，尤其是在集成电路、生物医药、人工智能、汽车制造和数字经济等领域进行了多维度研究，参与的强化企业创新活力专题研究，上海先进制造业与现代服务业融合发展，上海集成电路、人工智能、生物医药三大产业投融资机制建设研究，都市圈发展指数比较研究等政府战略性研究项目的研究成果，对优化长三角产业结构布局有极大的参考价值。本书在集众多研究报告的智慧成果之上，立足于产业聚集的理论根据，站在前人的肩膀上丰富产业集聚理论，提出“硬核”产业集聚发展的建议，为中国“硬核”产业发展提供可资借鉴的发展范式。

张　军

复旦大学经济学院院长、复旦大学长三角研究院院长

2023年7月

前　言

长三角地区作为经济的“领头羊”和创新发展的活跃地区，产业一直是其发展重点，尤其是集成电路、生物医药、人工智能等产业的集聚，对长三角而言更具重要作用。“硬核”一词源于英文“hardcore”，意为核心部分、中坚分子、绝对的，早期多用于艺术、游戏等领域，后融入主流文化中，用来形容专业的、门槛高的事物或领域。本书借助这一流行语修饰产业意在表明在产业基础高级化、产业结构现代化、产业创新生态化发展的趋势之下，集成电路、生物医药、人工智能作为高端产业引领升级的核心，将成为中国锻造“硬核”力量、辐射长三角一体化发展的坚实基础。具有能耗产出比较低、资本技术密集度较高、成长潜力巨大等特点的产业是长三角发展的重要动力，因此，加快培育和发展长三角地区的新兴产业转变为支持中国经济社会全局和长远发展的“硬核”产业，是转变经济发展方式、调整产业结构、优化产业布局的重要途径，是拉动经济增长、扩大就业的重要引擎。面对未来广阔的发展需求，基于对全球产业链新格局演变的基础，对以集成电路、生物医药和人工智能为主的三大“硬核”产业集聚的演化分析，加之对绿色低碳、数字经济等新兴产业拓展研究，满足了我国培育和发展战略性新兴产业的现实需求，为构建新兴产业集群梯次发展体系，打造形成分工明确、相互衔接的产业集群发展格局提供依据。

技术创新与技术进步是新兴产业发展的内在核心驱动机制，当代经济理论与实践早就揭示了创新行为的地理不平衡性。这种创新地理是不同地区间特征变化的产物，也导致了不同地区的创造性与创新创业的差异。在某些地区，创新能使旧产业焕发出新的活力；而在另外一些地区，创新创业的先驱者通过在新工艺方法、新材料、新渠道等机制上下大力气，获得超额利润，从而吸引大量追随者集聚在一起。当不变的地理位置与可变的企业交织在一起，就形成了产业的集聚与演化动态。显然，这一副演化经济地理描述的产业集聚景观在新兴产业领域也是频频上演，因为新兴产业本身就不是一个稳态产业，其处于产业生命周期前端的现状与其未来成为主导产业的使命都说明这类产业的发展必然是一个动态过程，演化是其发展的必然主题。

本书涉及的部分成果已提交政府部门决策参考，部分成果已经转化为政策文件，课题研究包括上海发展动力研究、上海生产性服务业发展战略研究、上海制造业与服务业融合发展研究、上海产业技术创新战略研究，以及上海三大“硬核”产业战略研究等多个相关方面原创性课题研究成果，对推动政府部门创新性开展工作具有指导作用。

本书的主要内容围绕以下几个方面展开。

第一，从全球产业链革新的角度出发，延伸探讨产业链演化的科学规律，解构全球产业链和供应链的重新构建和调整的方向，在把握未来全球产业分工格局走势的情况下，突出中国产业发展的优势，在“走出去”与“引进来”的过程中充分发挥既有技术优势和渠道资源，在国际市场变革中抢占更多份额。同时，认识到在当前的全球产业链中，创新成为推动产业升级和转型的重要驱动力，以“硬核”产业集聚高端科创要素，打造国际科技创新要素对接服务平台，形成自主创新资源集聚的国际创新策源地。

第二，从长三角产业版图进而聚焦上海三大产业现实发展基础分析，着重研究长三角产业发展现状及在世界产业版图中的地位。在从产业自身发展演化的角度探究产业演化动力模式、影响因素以及产业集聚与企业空间集聚选择行为等框架下，进而探讨中国新兴产业集聚发展演化过程，并结合发展现状测度分析其集聚发展的动态演进特征，找寻中国经济和企业发展走上创新驱动、内生增长轨道的动力；从上海三大主导产业的集成电路、生物医药、人工智能中探寻新兴产业集聚发展在国内外产业发展的战略意义，探讨战略性新兴产业集聚发展动力机制。

第三，中国在加快发展现代产业体系、推动经济体系优化中对数字经济提出发展导向，数字化能有效打破时空阻隔，提高有限资源的普惠化水平，这与长三角战略性新兴产业集聚在底层逻辑是一致的。结合数字经济来看产业集聚的内在规律，为战略性新兴产业集聚提供新的视角，并在以上研究的基础之上，提出战略性新兴产业聚集的发展建议，为中国战略性新兴产业集聚提供可供借鉴的发展范式。

第四，金融作为产业发展的润滑剂在新兴产业集聚发展中具有不可替代的作用，揭示金融业的经营模式、资金资本的组织机制在适应产业组织模式和生产方式不断变革、升级转型时的应变能力，能不断进行金融创新，增加适合战略性新兴产业发展的金融服务品种，提高金融服务经济的质量。

第五，首先梳理出长三角新兴产业集聚发展的四种类型，即自发成长型、市场带动型、政府驱动型、科技驱动型，并从产学研协同创新视角，深入分析了企业、科研机构、高等院校等创新主体行为特征；其次总结了三种富有成效的新兴产业集聚发展模式——空间集聚、创新联盟和产业融合；最后提出中国新兴产业“技术—产品—标准”阶梯式集聚发展演进阶段特征。廓清长三角新兴产业集聚发展现状，并通过建立包含技术引进消化吸收能力、自主创新能力积累的产业转移模型，提出三条适合中国新兴产业集聚发展演化路径。

第六，以产业集聚为发展战略目标的工业园区天然地会推动园区内产业向产业群、产业集群、产业簇群、企业集聚等发展，集聚内企业依据产业链的专业化的分工与协作以及因长期合作所建立的信任基础，向多样化、柔性化生产方式转变，对园区实现集中—集聚—集群发展路径中成果的总结和现实发展中的问题揭示，试图阐明工业园区和产业集聚的内在关联机理。

目录
CONTENTS

图目录

表目录

01

第一章

全球产业链分工体系演变下的长三角创新

第一节　全球产业链分工背后的基本逻辑

全球产业链分工是指在全球范围内，各个国家和地区在不同的生产环节通过合作和分工进行专业化细致分工，以实现提高生产效率及降低成本的目标。全球目前形成了一条跨国界的产业链分工，产品的生产过程被分为不同的环节，由不同的国家和企业在全球范围内来承担各个环节的工作，时至今日已经成为全球经济发展的重要组成部分，促进了全球贸易和投资以及各国之间的经济合作和文化交流，以实现互利共赢、共同发展。在《全球价值链发展报告2021：超越生产》中，全球价值链中的附加值越来越多在制造之外产生，更多地依赖服务和知识产权等无形产品的趋势。①

近年来，新兴市场国家经济的崛起和老牌发达国家经济的衰退导致了全球经济力量的重新分配，亚洲国家尤其是中国的崛起已经成为“百年未有之大变局”的重要标志，中国经济的快速发展正在逐步改变全球政治格局和经济格局，不同国家和地区之间的关系、国际秩序和规则等都在发生调整和变化。这些政策的变化会导致全球产业链和供应链的重新构建和调整，加上世纪大疫情的暴发使全球经济遭受了巨大冲击，尤其是全球产业链和供应链，全球范围内的生产和供应链受到了严重的破坏，导致产品和

---

① Word Bank，“Global Value Chain Development Report 2021：Beyond Production”，Global Value Chain Development Report，2021.

服务的交付受阻，生产效率下降，这一系列结果对全球经济的影响是深远的。

尽管全球产业链和供应链正在发生一些前所未有的重大变化，但在世界经济发展格局的变革过程中，效率和成本导向的分工逻辑、全球产业链分工深化的大趋势以及发展中国家通过参与全球产业链实现发展的模式并不会变。①

一　以制造业为中心的全球产业链分工体系变化

制造业在全球经济中一直扮演着至关重要的角色，是经济发展重要的基石。在人类文明的发展进程中，自15世纪欧洲航海家在航海探险中开启全球化进程以来，每个时代引领世界发展潮流的国家，无一不是制造业强国。尽管近年来，一些国家和地区在推动服务业和数字经济方面取得了一定进展，但制造业仍然是全球经济增长的主要驱动力之一，其不仅提供了大量的就业机会，而且对于技术进步和经济发展也具有重要的推动作用。从制造业增加值总量来看，中国制造业增加值在全球遥遥领先。从2012年到2021年，中国制造业增加值从16.98万亿元增加到31.4万亿元，占全球比重从22.5%提高到近30%。② 制造业规模实力进一步壮大，夯实了经济发展的根基。但是，与发达国家相比，中国制造业发展水平相对较低。比如，中国在钢铁、铜、水泥、化纤、造船、汽车等领域有数百种制造业产品的产量居世界第一位，但这些产业技术密集度不高，属于中低度技术密集型，在高端芯片、工业软件、高端数控机床等领域自给率严重不足。

再从制造业就业比重来看，从2013年起中国制造业城镇就业增

① 赵昌文：《观中国丨全球产业链供应链分工逻辑的变与不变》，中国日报网，2022年1月20日，http://cn.chinadaily.com.cn/a/2022/01/20/ws61e93ddba3107be487a03302.html。

② 中华人民共和国统计局：《中国统计年鉴》，中国统计出版社2021年版，第20页。

长率开始下降，2014 年制造业就业人数就开始缩减，近年来缩减情况更加明显。到 2019 年，制造业单位城镇就业人口将近 3832 万人，较 2018 年制造业人数减少了 8.92%，制造业私营企业和个体就业人数达 5908 万人，较 2018 年制造业就业人数仅增加 2.28%①。制造业比重下降有一定客观性。伴随产业深度分工与演化，服务型制造业不断壮大，因此，传统意义统计口径下制造业占经济的比重会出现结构性下降，但在中国尚未进入高收入国家行列的背景下，我们需要高度警惕过早“去工业化”陷阱。

总体来说，全球产业分工主要围绕技术密集型和劳动力密集型产业展开，不同国家和地区在全球产业分工中扮演着不同的角色，这种分工模式对全球经济的发展起着至关重要的作用。全球产业分工体系的构建依然主要围绕制造业部门展开，制造业在全球经济中的重要性并没有下降，在全球分工体系中，不同的国家和地区都有其独特的产业定位和特色，形成了不同的产业分工模式。电子信息产业是全球分工中的核心行业之一，涉及计算机、通信、半导体、消费电子等众多领域。发达国家和地区主要负责设计和研发高端产品，发展中国家则主要负责生产和组装低端产品。此外，汽车产业是全球分工中的另一个重要行业，涉及汽车制造、零部件制造、销售等多个领域。发达国家主要进行高端汽车的设计和研发，发展中国家则主要进行生产和组装低端汽车。纺织服装产业是全球分工中的传统产业之一，涉及棉纺、毛纺、丝绸、麻等多个领域。发达国家主要进行高端品牌的设计和研发，发展中国家则主要进行生产和加工低端服装。最后，金属加工和制造业是全球分工中的重要行业之一，涉及钢铁、有色金属、金属制品等多个领域，其中发达国家主要进行高端产品的设计和研发，发展中国家则主要进行生产和加工低端产品。

① 蔡昉：《双循环论纲》，广东人民出版社 2021 年版，第 46 页。

当前制造业的地位和发展也在不断变化，过去几十年发达国家是全球制造业的主要生产者和供应商，但是随着发展中国家在制造业中的崛起，这种格局正在发生变化，目前中国、印度、越南等亚太地区国家已经成为全球制造业的重要基地。

此外，随着技术的不断进步和数字化的兴起，正在发生的技术大变革正深刻地改变着各个产业的生产方式和业务模式，AI、物联网、5G等新兴技术的应用，为全球产业链的转型升级提供了巨大的机遇和深刻影响。与此同时，制造业也在发生着变化，其正在向智能化、自动化和数字化方向发展，高新技术制造业已经成为全球制造业的一个新兴领域，对于全球经济的发展也具有重要的推动作用。

二　以区域贸易协定为重心的产业链分工模式

近年来，全球贸易摩擦和新冠疫情的影响加剧了企业对供应链和生产过程的风险意识，因此企业开始重新考虑其供应链策略。随着新技术的不断发展，自动化和数字化使生产过程更加灵活和可控，这也支持了产业链短链化、本地化的趋势。在这种趋势的影响下，许多企业开始将生产线转移到成本更低的地区，例如越南、印度等东南亚国家，或者选择在本地建立更加完善的生产体系，以实现生产过程的本地化。这种趋势还促进了原材料和配套服务方面的本地化，进一步缩短了产业链。

以区域贸易协定为重心的产业链分工模式是指在区域内签署的自由贸易协定（FTA）和投资协定（IA）等政策框架下，通过降低贸易和投资壁垒，实现区域内经济一体化和分工协作的模式。在这一模式下，区域内成员之间的关税和非关税壁垒被降低，贸易成本得到降低，使区域内的产品流通更加便利，有利于产业链分工的深入，贸易和投资合作得到进一步加强，各国可以更有效地利用自己的优势，实现分工合作，形成产业链分工的互补性。在FTA和IA的政策框架下，各国企业可以更加自由地进行跨境投资和开展商业活动，促进了区域内产业链的紧密联系和相互依存。区域内各国之间在知识产权、技术等领域的合作得到加强，有利于知识和技术的交流和共享，促进了创新和技术进步。区域内企业的生产和经营环境的规范也得到了协调和统一，有利于提高整个区域内企业的竞争力。

中国推动的“一带一路”倡议在推进区域内的产业链分工和经济一体化方面发挥了重要作用，“一带一路”倡议沿线国家大部分为中等收入国家，经济基础比较薄弱，经济稳定性比较差，技术、知识、信息等传递渠道相对不完善，不利于技术的传递，这些因素在不同程度上影响了沿线国家对双边投资的偏好和信心。现有研究表明建立双边关系的时间越长，双边关系越融洽，越有利于实现投资便利化。因此，沿线国家应该把“一带一路”倡议作为契机，深化伙伴关系，实现联动发展。例如，中国在 2017 年举办“一带一路”国际合作高峰论坛，进一步推动沿线国家加强合作关系，有利于沿线各国之间建立良好的政治、经济关系，为双边投资减少合作的不确定性。

中国作为“一带一路”倡议的提出者，应该承担更多的大国责任，首先提升政府的服务水平，推动与沿线国家签订双边投资条约和协定，为企业投资创造良好的制度环境；其次应该继续稳定扩大外资，尤其是低技术制造业和高技术制造业，有利于提升竞争力和分工地位，同时与有条件、有意愿的国家共建经贸合作区，实现合作共赢；最后充分发挥边境经济合作区、跨境经济合作区等平台作用，鼓励和吸引沿线国家来中国投资，特别是高新技术产业、先进制造业，支持国内实体经济发展。

三　产业回流引发的全球产业链变化

产业回流指的是由于成本和风险等因素的变化，企业将原本海外外包的生产环节重新迁回本土或迁至其他国家，是全球产业链变化的重要表现形式之一，其对全球产业链分工和全球经济的影响是复杂的，其结果取决于产业回流的规模、速度和质量等多种因素。产业回流可以促进生产和销售环节的结合，提高产业链的整体效率和稳定性；同时也会引发全球产业链的重构，从而带来生产要素的重新配置和全球经济格局的调整。因此，研究产业回流对全球产业链变化的影响，对于理解全球经济的演变和预测未来的趋势具有重要意义。从企业层面来看，产业回流可能会增加其成本和风险，但也可以提高企业的生产效率和市场竞争力，从而获得更多的利润和发展机会。从国家层面来看，产业回流可能会增加其经济和就业水平，但也可能会带来环境和资源等问题。因此，政府需要制定合理的政策和措施，促进产业回流的积极影响，降低其负面影响。因此促进制造业回流或外迁的动力主要来自产业链的优化和完善，以实现产业链的更高独立性和更加多元化的结构。这种趋势不仅是中国，而是全球经济发展中的共同特征，意味着各国制造业的竞争和合作将在全球化和多元化的背景下展开。

中国作为全球最大的制造业国家，其产业链的完整度和技术附加值较高，具有显著的全球影响力。然而，全球各国在利用中国制造业的同时，也面临着来自外部环境的不确定性和挑战。美国重塑全球价值链的三重目标，基本上均是针对中国。第一重目标是通过产业回流妄图实现与中国产业分工的“脱钩”；第二重目标就是实施近岸外包，比如《美墨加三方协议》（USMCA）中的原产地规则就是美国推动并企图实现这一目标的重要手段之一；第三重目标就是“中国多元化”（China Diversification），即将部分价值链环节从中国迁移到其他亚洲国家和地区，实现“中国+1”甚至“中国+N”的多元化模式。[①] 近年来，一些国家倡导产业回流，这给中国的出口和制造业产业链带来了影响。美国政府就曾在 2022 年通过了《芯片

① 王鹏权：《中美对外经济行为特征及其比较》，《当代世界社会主义问题》2020 年第 2 期。

与科学法案》与《通货膨胀削减法案》，用巨额补贴和减税优惠等方式大力鼓励制造业回流，加强供应链本土化；在能源危机冲击下，“去工业化”压力增大的欧洲也正在加强产业链本土化；以日本为例，中国一直是其最大的贸易对象国，吸引了众多日本企业的投资，据中国商务部数据，2022 年中日双边贸易额为 3574 亿美元，日本对华投资额累计超过 1300 亿美元。然而新冠疫情的暴发却导致了中国对日本口罩等战略医疗物资的出口受到了一定影响，令日本产业链中的口罩供应链遭遇困境，加之日本核污水排放事件引起的中国禁止福岛等地的产品进入中国等事件使日本政府和企业认识到过度依赖中国制造业带来的风险和问题，应当重视推动国内生产的发展，加快产业链的优化和多元化。

探究中国制造业迅速发展的历史，其成就不仅仅是本国制造业努力的结果，也得益于美国等发达国家的制造业转移。但近年来因为土地、劳动力和环境等要素成本不断上涨，我们传统的劳动密集型产业优势正在减弱，其对美国等发达国家的吸引力也在下降，一些新兴国家在劳动密集型产业中的竞争优势逐渐显现。若美国将制造业重新回归本国，中国制造业的产值将不可避免地下降，并且对中国的技术发展也会产生影响。

目前，中国的制造业正处于转型升级的过程中，而且在许多大型装备制造领域拥有世界领先水平，如高速铁路等“新四大发明”代表着中国制造业在改革开放以来的重大成就。一大批知名制造业企业（如华为、中兴、海尔）也在塑造中国制造的国际品牌效应。但我们必须看到，总体而言，与发达国家相比，中国在制造业领域存在巨大的技术差距。若美国制造业回流，必然会带走部分技术，这对中国的技术发展将是一种流失。如果我们在转型升级过程中难以在创新能力上实现突破，我们可能再次失去领先全球制造业、引领未来技术创新和新一代产业革命的机会。为应对这一挑战，中国可以通过多种方式来优化产业结构，加强技术研发和创新，提高产品质量和品牌知名度，以及加强对内对外市场的多元化开拓等，从而降低对单一市场的依赖性，增强经济的稳定性和韧性。

第二节　从全球产业链的角度看中国价值链攀升

在全球产业链中，中国已经从低端制造业逐渐向中高端产业攀升，中国的产业价值链正在不断加强。以高科技行业为例，中国在人工智能、5G、新能源汽车等领域取得了显著进展。在人工智能领域，中国已成为全球最大的人工智能市场，具有强大的市场需求和产业发展潜力。据国际市场研究机构 IDC 预测，到 2025 年，中国的人工智能市场规模将达到 380 亿美元。在 5G 领域，中国已经成为全球领先的 5G 商用国家之一，拥有世界上最大的 5G 网络基础设施，5G 终端的出货量和用户数量也居于世界前列。在新能源汽车领域，中国已成为全球最大的新能源汽车市场，拥有最多的新能源汽车制造商和最大的充电设施网络。这些例子充分说明了中国价值链攀升的趋势。

此外，随着中国在科技、教育、人才培养等方面的不断加强，中国的创新实力正在逐渐提升。近年来，中国的科技创新能力和创新成果数量不断提升，中国在国际科技竞争中的地位也逐渐提高。在全球最具创新力的企业排行榜上，中国企业的数量不断增加。以《财富》杂志公布的“全球 500 强”为例，截至 2021 年，中国企业已占据 124 个席位，位列世界第二。

一　中国在全球产业链中价值不断跃升

多年以来，中国一直被誉为制造业大国，但其生产制造的大部分产品都是中低端商品，因此获得的利润相对较低。例如，富士康制造的苹果手机零售价可达数万元，但富士康利润只有每台约 10 元，这种巨大的利润差距反映了低端制造业的困境。然而，近年来，中国在全球价值链中的地位不断提升，这表明中国的制造业正在向高附加值领域转型，从而提高了产品的附加值和创新能力。

这种转型是必要的，因为低端制造业无法持续为中国经济带来增长，而高附加值制造业则可以推动中国经济朝着更加可持续的方向发展。中国政府已经采取了多项措施鼓励制造业升级和转型，例如推动智能制造和《中国制造 2025》计划等。这些努力正在逐步提高中国制造业的技术水平和国际竞争力。随着中国经济的不断发展以及科技创新能力的不断提高，中国企业正在不断推进自主创新并取得了一些前沿的成果，例如华为的 5G 技术和比亚迪的电池技术等。这些创新推动了中国价值链的上升。2022 年中国全社会研究与试验发展经费（以下简称“研发经费”）继续保持两位数增长，投入总量迈上 3 万亿元新台阶；经费投入强度（研发经费与 GDP 之比）较快提升，达到 2.55%，再创新高，比 2021 年提高 0.12 个百分点，明显高于“十三五”以来年均增幅，实现了较快提升。① 例如，比亚迪是全球领先的电池技术提供商之一，在电动汽车领域取得了显著的成就。这些技术使得中国制造业正在经历从传统制造业到高端制造业的升级，中国的制造业价值链上升、向更加高端的产品领域发展（例如新能源汽车、机器人、航空航天等高科技领域）。

这些产业已经形成了规模化的产业集群，例如中国各式各样的“特色小镇”以及浙闽地区的轻纺产业集群、珠三角地区的电子信息产业集群、苏南地区的机械装备产业集群等。以中国最具代表性的产业集群之一的深圳市为例，华为、中兴等企业都是深圳的本土企业，根据深圳市经济贸易和信息化委员会的数据，深圳市 2022 年培育营收超过 50 亿元的龙头企业有 15 家以上，营收超过 10 亿元的重点企业有 70 家以上，梯次型企业发展格局基本形成，建成 3 个以上千亿级细分领域产业集群，6 个以上百亿级细分领域产业集群，产业

① 国家统计局：《2022 年全国科技经费投入统计公报》，2023 年 9 月 18 日，http：//www. stats. gov. cn。

链协同发展水平显著提高。这些产业集群的形成使产业链更加紧密，也加速了中国价值链的攀升。

值得注意的是，全球产业链的变化和逆全球化趋势可能对中国的制造业造成一定的影响。逆全球化趋势可能导致某些外国公司将生产转移到本国，从而削弱中国制造业在全球供应链中的地位。然而，这也可能为中国制造业带来一些机会，例如，许多公司可能会选择在中国建立本地化生产基地，以避免贸易摩擦和保证供应链稳定性。因此，中国制造业需要持续升级和转型，提高产品附加值和创新能力，以适应全球产业链的变化和挑战。

二 创新优势

当谈到中国的创新优势时，我们需要考虑到全球产业链的变化以及中国在其中的地位。在过去几十年里，中国一直在全球产业链中扮演着制造业生产和加工的角色，而这一角色也一定程度上带动了中国的经济增长和发展。然而，近年来全球产业链发生了一系列变化，不仅仅是短链化和本地化趋势的兴起，还有技术变革和绿色转型等影响。这些变化都对中国的创新优势带来了新的挑战和机遇。

随着全球产业链的变化和数字化转型的加速，中国在科技创新方面的优势不断凸显，成为全球创新活动的重要参与者。一方面，中国在制造业方面已经成为全球的工厂，拥有完整的工业体系和丰富的人力资源，使中国在技术领域的创新能够更好地与实际生产结合。同时随着全球产业链的短链化和本地化趋势的加速，中国企业更加注重自主创新，加大研发投入，提高产品的附加值和竞争力。另一方面，中国政府提出了一系列创新支持政策，如加强知识产权保护、推进科技成果转化等。这些政策为创新企业的发展提供了强有力的支持。同时，随着数字化转型的加速，中国在数字技术、人工智能等领域取得了长足进展，这也为中国企业提供了新的发展机遇。

在全球价值链的层次上，中国的创新优势也在不断提升。例如，中国企业已经在5G、人工智能等领域取得了重大突破，成为全球技术领域的重要参与者，同时中国也在一些新兴领域（如新能源汽车、生物医药等方面）的创新能力不断增强，形成了一定的竞争优势。

世界知识产权组织（WIPO）最新发布的《全球创新指数2022》显示，2022年中国创新能力综合排名全球第11位，较2021年提升1位，较2012年跃升23位。党的十八大以来，中国科技事业发生历史性、整体性、格局性的重大变化，成功进入创新型国家行列。中国深入实施创新驱动发展战略，推进科技体制改革，持续加强基础研究，集中力量开展关键核心技术攻关，科技实力跃上新的大台阶，对经济社会发展的支撑引领作用不断增强。

在当前的全球产业链中，创新成为推动产业升级和转型的重要驱动力。在这一趋势下，中国的创新优势不断提升。首先，中国在一些新兴领域拥有较强的创新实力，例如人工智能、5G技术、生物医药等，这些领域的创新成果正在得到全球范围内认可和应用。2018年以来一些跨国公司陆续宣布将在中国增加投资，其中包括特斯拉、宝马、英特尔等知名企业，这也表明一些国际大公司仍将中国视为重要的生产基地和市场，显示了中国制造业和科技创新的实力，同时也表明了中国在应对产业回流方面所具备的优势和潜力。

首先，随着科技的不断发展，人们对技术的依赖程度越来越高，尤其是信息技术和生物技术的快速发展，改变了产业分工和商业模式。其次，全球经济政策也对全球产业分工格局产生影响。政府在贸易政策、产业政策和监管政策上的变化，会对全球供应链的分工产生重要的影响。再次，劳动力成本和人口红利的消失也会影响全球产业分工格局。随着国家劳动力成本的不断上升，一些制造业公司将开始转向使用机器人等自动化技术来代替人力，而这种趋势将进一步加速全球产业分工的变化。最后，全球化和区域化的趋势也将影响未来的产业分工格局。全球化趋势下，国际产业链会越来越复杂和分散，而区域化趋势下，地区间的贸易和投资将更加紧密，区域产业链也将更加发达。

同时，中国政府和企业也积极推动产业升级和技术创新，例如制定了一系列促进人工智能、新能源汽车、集成电路等领域创新发展的政策和计划。这些举措都有助于提高中国在全球产业链中的创新地位。《中华人民共和国国民经济和社会发展第十四个五年规划和2035年远景目标纲要》中明确指出坚持创新在我国现代化建设全局中的核心地位，把科技自立自强作为国家发展的战略支撑，面向世界科技前沿、面向经济主战场、面向国家重大需求、面向人民生命健康，深入实施科教兴国战略、人才强国战略、创新驱动发展战略，完善国家创新体系，加快建设科技强国。展望2035年，中国将基本实现社会主义现代化，科技实力将再迈上新的大台阶，关键核心技术将实现重大突破，中国进入创新型国家前列。

三 市场优势

中国作为世界上最大的人口国家之一，拥有超过14亿人口，这为国内市场提供了巨大的消费潜力，并且随着中国经济的发展和居民收入的提高，消费能力逐年增强，2019年中国零售额达到41.2万亿元，成为全球最大的消费市场之一。相较于其他国家而言，中国的电子商务市场规模巨大，2019年中国电商交易额达到34.8万亿元，占全球电商交易额的一半以上，其中移动支付已经成为主流支付方式。拥有着庞大的市场规模，对于国内企业来说是一种独特的竞争优势，在全球产业链中，中国的超大规模市场以及中产阶层数量的逐年增加也是吸引外资和促进国内企业发展的重要因素，因为其可以带来庞大的消费需求。

据国家统计局数据，2020年中国社会消费品零售总额达到39.2万亿元，同比增长4.3%。可以预见，随着人口红利的逐渐释放和消费升级的加速，中国市场规模将会进一步扩大，中国市场消费潜力不断增强，因此越来越多的外国企业看中中国庞大的市场规模，将其作为发展的重要机遇。

中国的超大规模市场也对国内企业的发展起到了重要作用。在中国这样一个庞大的市场中，国内企业可以通过低成本的价格战争获得更大的市场份额。这些企业可以通过大规模的生产来降低成本，从而在国内市场中保持竞争优势。此外，中国企业还可以在国内市场中不断地进行产品创新，以满足消费者需求，进而在全球市场中获得更大的竞争优势。

中国的超大规模市场还可以带来政策优势，政府可以通过各种手段来支持国内企业的发展，从而促进产业升级和提高市场竞争力。政府还可以通过制定有利于企业发展的政策，鼓励企业进行创新，促进科技进步，推动产业升级。习近平总书记就曾明确指出："市场资源是我国的巨大优势，必须充分利用和发挥这个优势，不断巩固和增强这个优势，形成构建新发展格局的雄厚支撑。"

首先，中国庞大的人口和消费市场是中国市场优势的主要来源，其次，中国政府逐步推进的市场化改革和对外开放政策也为中国市场的发展提供了有利环境。通过深化市场化改革和完善市场机制，中国市场的竞争环境不断改善，市场主体的活力和创造力得到了更好的发挥。此外，中国积极推进自由贸易试验区建设和"一带一路"建设，进一步拓展中国市场的辐射范围和影响力，提高了国际化程度，为国内外企业提供了更多的合作机会。中国市场在一些领域拥有独特的竞争优势，在移动支付、电子商务、共享经济等新兴产业领域，中国市场已经取得了全球领先的地位，成为全球重要的市场力量。同时，在一些传统行业中，中国市场的集中度较高，如石油化工、钢铁、电力等，这些领域的龙头企业在国际市场上拥有较强的竞争力。

四　人才优势

人才资源的优势是中国在全球范围内迅速崛起的一个重要因素，

未来中国将继续注重专业领域人才的培养和引进，促进科技创新和产业升级，与此同时，加强国际间的合作交流，共同推进全球科技创新的发展，为中国在科技人才方面的储备和培养，也为创新优势提供了坚实的基础。

随着中国经济的不断发展和高等教育的普及化，中国的科技人才储备数量和质量都得到了显著提升。STEM（科学、技术、工程和数学）专业的毕业生数量对于一个国家的创新和技术竞争力具有重要影响。STEM 领域的毕业生通常是高技能人才，他们能够开发新技术、改进生产工艺、提高生产效率等，从而推动整个产业的发展。此外，STEM 专业的毕业生还有助于改善劳动力市场的供需结构，减轻了企业对海外人才的依赖。

据数据统计，中国 STEM 领域的毕业生数量在全球范围内处于领先地位，每年超过 500 万人。相较之下，美国每年仅有 50 万毕业生，不到中国的十分之一。这种人才资源的充足，为中国的经济发展提供了强有力的支撑。过去几十年，中国借助人口红利获得了快速发展，未来二十年，将迎来工程师红利的时代，这将推动中国经济的转型和产业升级，进一步加速中国跻身富足社会的步伐。

同时，中国还在建设一系列国家级创新人才培养计划和科技创新中心，以提高中国创新人才的数量和质量。这些措施将进一步增强中国在全球产业链中的创新竞争力。长三角地区在中国国内的地位和重要性备受关注，长三角一体化创新人才优势是推动区域经济和产业升级的关键因素之一。根据相关数据，长三角地区的高校数量和科技创新型企业数量均居全国前列，这些优质的人才和企业资源为区域的创新发展提供了强有力的支撑。

同时，长三角地区还拥有国家重点实验室、创新中心和工程技术研究中心等一批高水平的科研机构，为区域科技创新提供了先进的技术平台和优质的研究成果。此外，长三角地区在城市群布局、交通和信息网络建设方面也具有独特的优势。根据相关数据，长三角地区的高速公路、铁路和航空网络构成了快速便捷的交通体系，进一步促进了人才的流动和技术的转移。同时，该地区还拥有众多的高端服务机构和科技孵化器，为企业提供了优质的服务和孵化平台，有力推动了区域产业的快速发展。为了更好地发挥长三角地区的创新人才优势，相关政策措施也在逐步推进。例如，长三角地区推出了一系列的人才政策，旨在吸引更多的优秀人才到该地区工作和生活。此外，长三角地区还加强了与国内外知名高校和科研机构的合作交流，为创新人才的培养和引进提供了更广阔的平台和资源。所有这些措施和努力，将有助于进一步发挥长三角一体化创新人才优势，形成更加协同、高效的区域创新格局，为中国的经济发展注入新的动力和活力。

第三节　影响未来全球产业分工格局走势的因素

未来全球产业分工格局走势的因素是多方面的。首先，全球化和逆全球化之间的博弈将对全球产业分工格局产生深远的影响，近年来由于一些国家推行贸易保护主义政策，全球贸易形势变得更加紧张，因此在未来几年，国际贸易的未来发展方向将成为关注焦点之一。其次，新兴技术将带来产业变革，例如人工智能、物联网、区块链等，这些技术将改变产业分工、商业模式和创新的方式。据国际数据公司 IDC 预测，到 2024 年，全球物联网市场将增长至 1.7 万亿美元，这将为全球产业链的演变带来深刻的影响。最后，跨国公司对全球产业链的塑造也是影响未来全球产业分工格局的重要因素之一。例如，华为、苹果和三星等跨国公司，都已经成为全球电子产业链中的重要角色，并且在产业链中发挥着越来越重要的作用。

总之，未来全球产业分工格局走势的变化受多种因素影响，包括全球化和逆全球化之间的博弈、新技术带来的产业变革以及跨国公司对产业链的塑造。这些因素的相互作用将共同塑造未来全球产业分工格局的演变。在这些因素的影响下，未来全球产业分工格局将呈现出多元化、分散化和差异化的趋势。例如，高技术产业和服务业将成为未来产业分工的重要领域，一些低附加值的制造业可能会逐渐向低成本地区转移，同时一些高端制造业将逐渐转移到更具创新能力的地区。此外，不同地区的政策和资源优势也将影响全球产业分工格局的走势。

一　逆全球化与全球化的博弈

逆全球化和全球化的博弈是一个复杂且长期的过程，其中涉及政治、经济、社会和文化等多个方面的因素，涵盖了国内政治环境、国际政治格局、贸易制度、投资规则等方面。

一方面，全球化使国际贸易、投资和人员流动更加自由化和便捷化，推动了经济全球化的发展，可能对贫富差距产生积极或消极影响。在积极作用方面，其促进了国际贸易和投资，为发展中国家带来了更多的机会和发展空间，从而缩小贫富差距；在消极作用方面，其也可能导致资本和技术的流动，加剧一些发展中国家和贫困地区的贫困和不平等现象。

另一方面，逆全球化一般被认为是出于某些因素的考虑对本国经济和社会的保护，或者是对全球经济和社会不公平贸易和投资制度的批判和挑战。近年来，一些国家采取了一系列贸易保护主义措施，以减少本国贸易逆差和保护本国产业。根据世界贸易组织的数据，瑞银集团发布的 2021 年“全球贸易冲突指数”显示，全球贸易冲突指数在过去的两年里上升了 28%。瑞银认为，美国和中国之间的经贸摩擦是全球贸易冲突的主要推手之一，但全球贸易保护主义的风险正在扩散至其他国家和地区。这表明越来越多的国家正在采取贸易保护主义措施，包括加强贸易限制和关税壁垒等。例如美国政府在 2018 年开始实施了钢铝关税，涉及多个贸易伙伴国家，包括中国、欧盟、加拿大、墨西哥等。此外，美国政府还对一些中国进口商品征收关税，导致了贸易争端的升级和影响。据世界贸易组织报告统计，2019 年，全球贸易保护主义措施数量创下历史新高，涉及贸易额超过 3.3 万亿美元，是 2018 年的两倍以上。逆全球化趋势还表现在国际投资和资本流动限制的增加上。例如，一些国家开始对外国投资进行审查和限制，以保护本国的经济安全和国家利益。这些限制措施可能会对外国投资产生不利影响，尤其是对那些寻求新兴市场投资的投资者。根据 2021 年联合国贸易和发展会议发布的《2021 全球投资趋势监测报告》，2020 年全球跨境直接投资流量受到新冠疫情的影响，降至 1.3 万亿美元，较 2019 年下降 42%，创下 2005 年以来最低水平。

全球化促进了国际贸易和跨国公司的发展，使全球产业链的各个环节更加紧密地联系在一起，而逆全球化则倾向于减少国际贸易和跨国公司的活动，使全球产业链的各个环节之间的联系减弱。

中国在全球产业链中的位置主要是在制造业领域，特别是劳动力密集型制造业。在全球化的背景下，中国在全球产业链分工中的地位不断上升，成为全球最大的制造业生产基地之一。然而，随着逆全球化趋势的兴起，一些跨国公司将业务转移回发达国家，这对中国的制造业产生了负面影响。

此外，逆全球化和全球化的博弈也对中国的贸易政策和战略产生了影响。在逆全球化趋势下，一些国家采取保护主义措施，加强贸易限制和贸易壁垒，这对中国的贸易造成了一定程度的负面影响。因此，中国应该积极应对逆全球化的趋势，继续推进开放型经济，发展创新型产业，提高自主创新能力，以保持在全球产业链中的竞争优势。

二 新技术带来的产业变革

众所周知，推动分工演进包括全球价值链分工演进的主要因素无非有三，一是要素禀赋结构，二是制度安排，三是技术变迁。三者共同作用推动着全球价值链分工演进。① 新技术带来的产业变革是当今经济社会发展的一个重要趋势。新技术的不断涌现和应用，推动了传统产业向数字化、智能化和高端化方向转型升级，也孕育了新兴产业和商业模式的兴起。

人工智能技术广泛应用于图像识别、语音识别、自然语言处理、机器学习等领域。随着人工智能技术的发展，机器可以模仿人类的思维方式，实现自动化和智能化的生产过程，推动了制造业的转型升级。例如，作为中国领先的互联网公司之一的腾讯，就在自然语言处理、语音识别等领域持续使用并改善人工智能技术以提升用户体验，同时也在智慧医疗、智慧零售等领域探索商业机会。

以智能制造为例，人工智能技术可以帮助企业通过数字化技术和数据分析，实现生产过程的智能化和自动化。在生产环节中应用人工智能技术，可以更加精准地控制生产过程中的各个环节，实现物料和能源的高效利用，从而提高生产效率和产品质量，降低生产成本，进一步提高企业的竞争力。区块链技术的出现可以实现点对点的安全数据传输和信息共享，可以为金融、医疗、供应链等行业带来改变。比如，区块链技术可以用于金融领域的智能合约和数字货币等方面，也可以用于医疗领域的病历管理和医疗数据的共享。物联网技术的出现将大量物品与互联网连接，实现对物品的追踪、监测和控制，为产业升级提供了新的思路。物联网技术的应用范围很广，比如智能家居、智慧城市、智能制造等领域。5G 网络的出现，可以提供更高的数据传输速度、更低的时延和更大的容量，为智能物联网、自动驾驶、远程医疗等领域的发展提供了新的机遇。

随着信息技术的不断发展和创新，新技术的应用不断涌现，如人工智能、区块链、云计算、大数据等。这些技术不仅影响到传统产业的生产和商业模式，而且推动了新兴产业和新的商业模式的兴起。例

① 陆娅楠：《2022 年中国研发经费投入突破 3 万亿元》，《人民日报》2023 年 1 月 28 日。

如，智能制造利用物联网、云计算、人工智能等新技术，实现设备智能化、工厂智能化、生产智能化，从而提高生产效率、降低生产成本、缩短生产周期，推动制造业向高质量、高效率、可持续发展方向转型。共享经济则是基于互联网技术的新型经济模式，通过共享资源、降低成本、提高利用率，实现资源优化配置，促进经济发展。电子商务则是利用电子技术和互联网实现商业活动的方式，它突破了地域限制，拓展了市场空间，提高了消费者的购物体验和商家的销售效率。

新技术的快速发展和应用，不仅推动了经济增长，而且对社会和人类文明产生了深远的影响。例如，在医疗保健领域，人工智能可以辅助医生进行诊断和治疗，提高医疗水平，缓解医疗资源短缺的问题。在教育领域，互联网技术可以实现在线学习和远程教育，拓宽了教育资源的渠道，促进了教育公平。在交通领域，自动驾驶技术可以提高交通安全、缓解交通拥堵、降低交通事故的发生率。在能源领域，新能源技术可以实现清洁能源的利用，降低能源消耗和环境污染。在环保领域，传感器技术和大数据技术可以实现环境监测和污染预警，提高环保管理的效率和精度。

三 跨国公司是全球产业分工格局的关键性塑造者

自20世纪80年代起，随着全球化进程的深入推进，跨国公司逐渐成为全球经济发展的主要推动力量之一，它们在全球范围内积极布局，实现产业链的全球化分工，为世界经济的增长和发展注入了新的活力。根据普华永道2022年《全球市值100强上市公司排行榜》报告分析，尽管近期全球经济出现波动，但全球100强公司的市值仍在继续刷新纪录，尽管按市值计算全球100强公司的增长率与去年相比有所放缓，但这些公司的总市值仍增长了11%，达到35.2万亿美元。

跨国公司具有超越国界的资源整合能力和全球化的视野，可以快速响应全球市场和竞争环境的变化。众所周知，“保留核心的，外包其余的”是跨国公司布局全球价值链的主要策略。[①] 在全球产业链分工中，跨国公司可以将生产环节和销售环节分离，在全球范围内选择最佳的生产地点和销售市场，实现生产要素的最优配置。通过跨越国界、整合全球资源，跨国公司可以将生产和服务的成本最小化，提高产品和服务的质量和竞争力，为消费者提供更多更好的选择，作为中国最大的计算机制造商之一的联想集团是一家全球性跨国企业，联想集团旗下在国内有多家工厂和研发中心，其生产的电脑和移动设备畅销世界各地。

跨国公司在全球产业链中发挥着重要作用，其将研发、生产和销售环节分别在不同的国家和地区进行，实现最优化的生产和销售布局。此外，跨国公司在全球产业链中的地位还表现在其对全球贸易和投资的影响力上。跨国公司可以通过其全球化的生产网络和销售渠道，促进国际贸易和投资的发展。跨国公司的投资和贸易活动可以提高全球生产效率和贸易流通速度，缩小各国之间的发展差距，推动全球经济的发展和繁荣。跨国公司通常具有先进的技术、管理和创新能力，能够带动并推动全球产业链的技术进步和升级，从而提高整个产业链的效率和附加值。同时，它们还能够在全球范围内开展技术创新、知识产权保护和研发合作，加速全球产业链的智能化、数字化和绿色化升级。跨国公司在全球产业链中发挥着至关重要的作用。根据《世界投资报告》，跨国公司的全球直接投资流量在2019年达到1.5万亿美元，其中高达80%的投资用于生产型投资。这些跨国公司通过建立全球性的供应链和生产网络，实现了全球化生产和供应的协同发展，从而推动了全球经济的发展和繁荣。同时，跨国公司在全球范围内的投资和运营也为其带来了可观的收益。跨国公司在全球产业链中的作用体现在多个方面。首先，它们通过分工合作和互补，实现了全球化生产和供应链的协同发展。例如，苹

① 姚战琪：《工业和服务外包对中国工业生产率的影响》，《经济研究》2010年第7期。

果公司在全球范围内有着分布广泛的供应链和生产网络，从采购原材料到组装生产，每个环节都是由各个国家和地区的合作伙伴完成的。这种全球化生产和供应链的协同发展，不仅可以提高整个产业链的效率和竞争力，也为消费者提供了更好的产品和服务。其次，跨国公司通过跨国并购和扩张，促进了全球经济的融合和发展。例如，中国电信公司通过在巴基斯坦收购一家电信公司，进一步扩大了其在南亚地区的业务范围。这种跨国并购和扩张，可以促进不同国家和地区之间的合作和交流，推动全球经济的融合和发展。最后，跨国公司在全球产业链中也承担着创新和技术转移的重要角色。例如，戴尔公司在全球范围内设有研发中心和生产基地，不断推出新产品和技术，同时还通过技术转移帮助其他国家和地区提升其产业链的技术水平。这种创新和技术转移，可以推动全球产业链的升级和优化，提高全球经济的创新和竞争力。综上所述，跨国公司在全球产业链中扮演着至关重要的角色。它们通过实现全球化生产和供应的协同发展，促进了全球经济的发展和繁荣；通过跨国并购和扩张，推动了全球经济的融合和发展。

02

第二章

长三角产业结构及其在世界产业版图的地位

当今世界经济发展已经进入新的裂变期，受贸易保护主义、单边主义的影响和新冠疫情的冲击，以美国为首的旧有的产业分工秩序对发展中国家在新一轮科技革命和产业变革中崛起极为不利，发展中国家要想抓住“科技革命”带来的红利，在全球贸易中寻求国力提升、科技发展、产业升级、多元贸易等优势，必须构建更为科学化、合理化、民主化、平等化的世界产业分工秩序来维护各方的国家利益，推动全球产业格局适时变迁。而中国在坚定不移地推进改革开放的引领下，即使面对突发性公共事件，中国的经济仍能在砥砺中前行，初步核算，2022 年国内生产总值 1210207 亿元，比 2021 年增长 3.0%（国家统计局数据），取得了傲人的成绩。在“人类命运共同体”不断深化的今天，中国经济稳定对世界经济的发展起着越来越重要的作用，已经成为全球第二大经济体和对外开放包容发展的国家，其中以制造业为根基的长三角地区经济发展的崛起，极大推动了中国区域经济和社会的发展，众多行业在此地形成了集群式发展，成为中国构建以国内循环为主、国际与国内互促的双循环发展新格局的重要基础。

第一节 长三角产业结构现状概述

改革开放以来，“出口、消费、投资”成为中国经济发展的巨大动力，在这种外向型经济发展模式的引领下，长三角地区逐渐发展成“出口导向型”经济，同时产业布局沿着有利的港口和海域条件分布，具有明显的“海洋属性”，因此，出口需求成为长三角地区工业化发展的重要动力。时至今日，三省一市的部分城市中对外贸依存度仍比较高。外向型经济极大地推动了早期的长三角产业发展，但从全球新一轮的产业竞争趋势来看，“出口导向”已经不能完全适应中国经济发展的需要。从产业结构的类型来看，发达国家的产业主要集中在技术和资本密集型产业，即全球价值链的顶端；发展中国家主要集中在劳动密集型产业，即全球价值链的底端。中国长三角地区制造业总体上仍处于全球产业链和价值链的中低端，在提振内需、维护产业链安全、谋求科技创新等新要求下，长三角地区应率先实现技术创新与产业集群引领。当下，三省一市在产业选择上还面临明显的“同质化竞争”问题，表现在优势产业重合度过高、产业梯度不完善、资源要素流动受限、多头对外合作等方面，这都成为制约长三角高质量发展的重要掣肘。

一　长三角主要城市产业结构演变分析

长三角产业结构演变总体符合中国产业结构不断优化发展的趋势，在经济新常态的背景下高质量发展成为长三角产业结构升级的重要方向，通过“新基建、数字化、智能化”等手段全面提升休闲农业、传统重工业、高新技术产业、数字智能制造产业、高端服务业等现代产业体系结构的优化升级。从产业空间布局来看，产业结构优化呈现由上海向周边城市辐射带动发展，受地理等因素的影响，中东部城市的产业结构优化程度明显要高于西部城市，但总体发展由梯次布局向块状布局过渡；从三次产业结构来看（图 2-1 所示），近十年三省一市都已经实现“二、三、一”型产业结构向服务业引领的“三、二、一”型产业结构转变，服务业对制造业转型升级的带动作用开始显现，同时，制造业仍是长三角产业永续发展之根基，集成电路、生物医药、智能网联汽车、研发设计、新材料、工程机械等产业集群率先发展，在工业和信息化部的全国先进制造业集群评选中，有 12 个先进制造业集群集中在长三角地区，占全国的 48%。

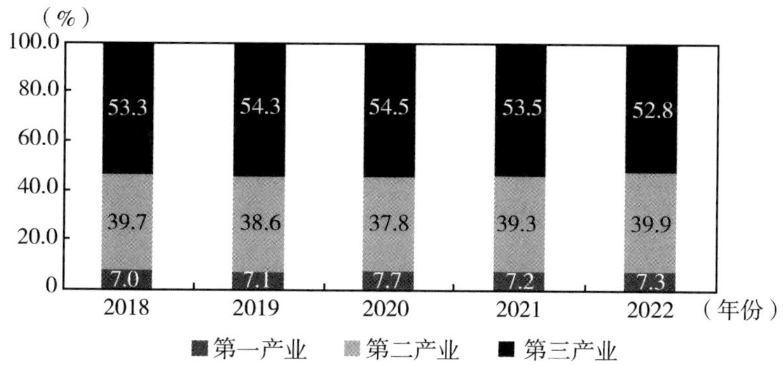

图 2-1　2018—2022 年三次产业增加值占国内生产总值的比重

资料来源：国家统计局。

（一）上海市产业结构布局

上海依托自身强大的经济、金融、贸易、航运和科技实力，不仅在全球经济发展中具有影响力，而且是中国长江经济带和“一带一路”建设的龙头，是建立具有全球竞争力的长三角城市群的重要引领和保障，在几轮五年规划的指引下逐渐形成了符合上海发展规律的产业发展格局。总体来看，上海已经初步形成中心城区高端服务业聚集带动周边城区有序错位发展的阶段性产业空间布局，“十四五”期间将致力于优化“3+6+4+5”① 的产业布局和重点发展 27 个重点行业。从全市生产总值的变化和三大产业重点发展领域来看，以农业为主导的第一产业由简单的乡村农业向技术更加密集的都市农业调整；在战略性新兴产业和支柱产业的引领下，高端装备制造、汽车设计与制造、集成电路产业链、生物医药研发、人工智能应用场景拓展等第三产业由传统的加工制造向先进制造业转型，打下坚实的制造业发展体系；占比持续上升的现代服务业，通过产业融合

① “3+6+4+5”：集成电路、人工智能、生物医药三大先导产业；电子信息、生命健康、汽车、高端装备、先进材料、时尚消费品六大重点产业；数字经济、绿色低碳、元宇宙、智能终端四大新赛道产业；智能制造、数字经济未来健康、未来智能、未来能源、未来空间和未来材料五大领域。

与技术叠加等方式，不断向第一、第二产业渗透，金融、商贸物流、会展、文化等高端服务业日益壮大（如表 2-1 所示）。在利用外资方面，新冠疫情的有效控制为中国向国外展示优越的营商环境提供了强有力的证据，中国再次成为国外稳健投资的热土，2022 年全年，上海实际使用外资超过 239 亿美元，规模创历史新纪录，上海的跨国公司地区总部、外资研发中心累计分别达到 891 家和 531 家。基于当前国家战略的要求，未来上海产业发展将致力于攻克产业链重点环节的技术创新、科技研发，提升“智能智造”的国际竞争力，培育先进制造业产业集群，实现长三角城市群规模发展优势。

表 2-1　上海市地区生产总值和三大产业总量

指标名称		总量（亿元）	比上年同期增长（%）
地区生产总值		43214.85	8.1
按产业分	第一产业	99.97	-6.5
	第二产业	11449.32	9.4
	第三产业	31665.56	7.6

（二）江苏省产业结构布局

从地理来看，江苏省辖 13 个地市，属南北狭长，因此也在一定程度上造成了苏南、苏北经济发展的不平衡局面，20 世纪 90 年代的南京、苏州、无锡等苏南地区积极融入上海国际航运中心建设，实现了经济发展的大繁荣，其后在工业发展上更是依托原有特色产业的优势实现了现代化升级，在新型电子信息、绿色智能汽车、高端装备、光电显示、高端纺织、船舶海工等产业上多元并举发展；而徐州、连云港、宿迁、淮安等苏北地区的工业化水平与结构还有待进一步提升，由于没有抓住重工业转型的机遇，且主导产业的资源利用效率低、专业化水平不足，第一产业的比重比苏南地区高，因此，多为劳动密集型产业。近几年，苏北地区全面升级产业结构，致力于发展新材料、新能源等技术附加值较高的产业，但由于起步较晚，除沿海化工产业集群发展较为强劲，其他产业聚群发展的优势还未凸显。作为中国外贸第二大省，2022 年江苏省外贸进出口规模再创历史新高，全年实现外贸进出口总值 5.45 万亿元人民币，同比增长 4.8%，占同期中国进出口总值的 12.9%。[①] 因此，在江苏省域一体化与长三角一体化的机遇下，江苏产业的发展要更加注重省内产业的协调发展，避免南北失衡带来的发展弊端。

（三）浙江省产业结构布局

目前，浙江的工业化已经进入中期向后期跨越发展的阶段，这个阶段产业结构的变化表现为：第三产业比重持续上升，第二产业比重由升转降和第一产业趋向稳定。浙江统计局数据显示：2022 年全省地区生产总值为 77715 亿元，比上年增长 3.1%（如图 2-2 所示）。分产业看，第一、第二、第三产业增加值分别为 2325 亿元、33205 亿元和 42185 亿元，比上年分别增长 3.2%、3.4%和 2.8%，三次产业结构为 3.0∶42.7∶54.3。人均地区生产总值为 118496 元（按年平均汇率折算为 17617 美元），比上年增长 2.2%。[②] 数字经济核心产业增加值 8977 亿元，比上年增长 6.3%。[③] 在“八八战略”和数字经济“一号工程”的指引下，数字经济成为浙江产业高质量发展的新名片，新一代信息技术在传统产业数字化、赋能实体经济、工业互联网等领域的应用，将浙江数字经济推向产业融合发展的前沿。数字经济核心产业制造业增加值增长 10.7%，增速比规模以上工业高 6.5 个百分点，拉动规模以上工业增加值增长 1.7 个百分点。高技术、新兴、装备和高新技术产业增加值分别增长 11.5%、10.0%、6.2%和 5.9%，分别拉动规模以上工业增加值增长 1.9、3.1、2.8 和 3.9 个百分点。在新兴产业中，新能源、生物、新能源

① 数据来源：中华人民共和国南京海关官网。
② 数据来源：浙江省统计局。
③ 资料来源：浙江省统计局。

汽车、新一代信息技术产业增加值分别增长 24.8%、10.0%、9.4% 和 9.3%，产业发展越发重视“质量优先兼顾增长”。此外，2022 全年民营经济增加值占全省地区生产总值的比重为 67%。规模以上工业中民营企业数量突破 5 万家，占比 92.2%；增加值突破 1.5 万亿元，占比 70.3%；增长 5.2%，增速比规模以上工业高 1.0 个百分点，对规模以上工业增加值的增长贡献率为 83.2%。这些数据凸显出浙江民营经济的优势和特色突出，民营经济成为推动浙江省工业化演进的重要的角色。

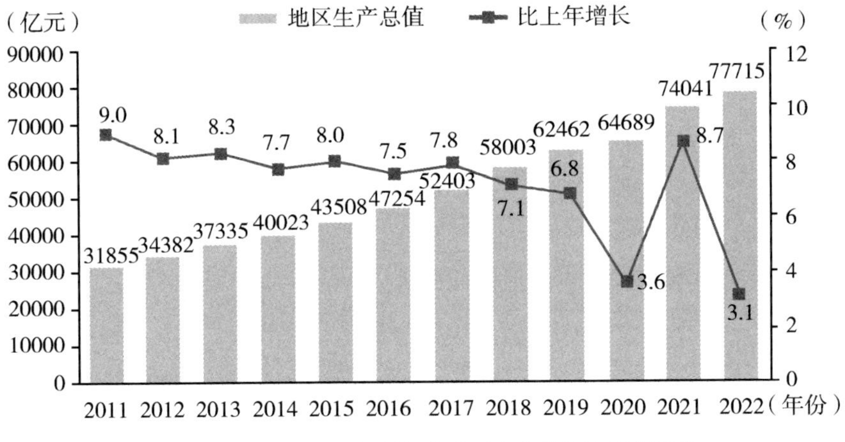

图 2-2　2011—2022 年浙江省地区生产总值及增长速度

注：经咨询浙江省统计局，图 2-2 中，比上年增速计算为扣除价格后的实际增长率，非直接计算图中生产总值所得。

资料来源：浙江省统计局。

（四）安徽省产业结构布局

长期以来，安徽省是作为粮食及能源、原材料“两大基地”来发展和建设的。这种以自然资源差异为基础的分工，同以资金、技术密集部门为主的地区相比，处于从属、被动的弱势地位。[①] 2022

① 许诺：《安徽，当“入长”压倒“中部崛起”》，新浪财经，2020 年 2 月 5 日，http：//finance.sina.com.cn/wm/2020-02-05/doc-iimxxste9109464.shtml。

年全省地区生产总值（GDP）45045 亿元，比上年增长 3.5%。其中，第一产业增加值 3513.7 亿元，同比增长 4%；第二产业增加值 18588 亿元，同比增长 5.1%；第三产业增加值 22943.3 亿元，同比增长 2.2%。三次产业结构由上年的 7.9 ∶ 40.5 ∶ 51.6 调整为 7.8∶41.3∶50.9（如图 2-3 所示）。工业增加值占 GDP 的比重由 2021 年的 30.1%提升至 2022 年的 30.6%，其中制造业增加值占 GDP 比重由 26.2%提升至 26.5%。[①] 安徽的第一产业在三省一市中处于末端，说明安徽省的传统产业、劳动力结构、工业产能等都处于相对落后的阶段，矿产、能源、建材、冶金、有色、化工等高能耗的传统行业是产业发展的基础。近几年安徽在智能家电、显示面板和芯片等产业上持续发力，产业发展由原来的能耗行业向装备制造业转移，并取得了明显的成效，为调整现有产业结构、提升资源的利用效率做出贡献。为进一步优化安徽的产业结构，新能源汽车、人工智能、互联网产业、工业设计等新兴产业成为安徽引入战略投资的重点，是安徽适应市场经济发展趋势和融入长三角产业协同发展战略的重要展现。

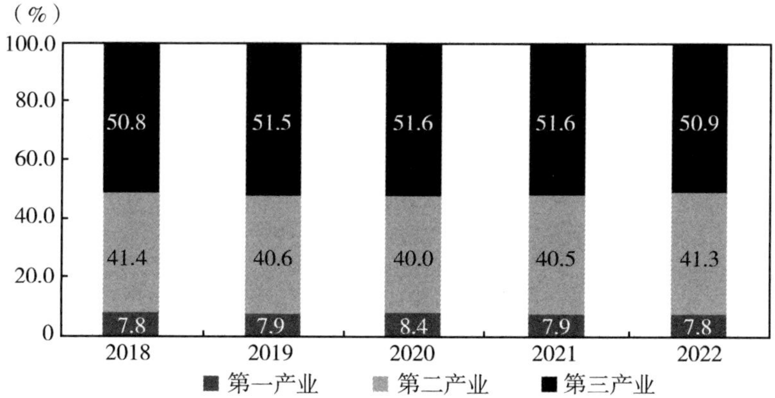

图 2-3　安徽省 2018—2022 年三次产业结构

① 数据来源：安徽省统计局。

二　长三角产业体系发展特点

（一）产业集群效应显现

在国家与三省一市的共同推动下，长三角产业集群以上海为龙头，沿着交通干线向浙江、江苏、安徽辐射，聚集一批耦合度高的上下游企业在此布局，不仅降低了相关企业之间的交易成本，也提升了效率，形成了有效的产业集群。上海市政府出台了一系列政策助力支柱型企业建立大产业的产业集群，在集成电路、生物医药、人工智能、智能制造、新材料等领域建立产业集群形成高端产业引领布局，依托上海的金融、贸易、创新等优势条件，服务长三角一体化建设；浙江省产业集群发挥出民营企业的力量，在传统产业领域自发集聚，并抓住新经济、新产业、新模式的发展契机，向先进制造业领域突破，形成了具备产业能级提升的现代产业集群；江苏省产业集群与开发区联动发展，在政府规划的主导下激发龙头企业的带动作用，联合集体企业、中型企业的力量，形成专业化体系明显、链条较为完整的产业集群。

（二）产业协同发展

在 2019 年《长江三角洲区域一体化发展规划纲要》中，将区域一体化之下的省际毗邻区域协同发展列为产业合作的重要议题，并最先在先进制造业领域内探讨协同发展机制，开启了“多地布局、分工合作、功能化差异”的长三角跨区域地市级合作，以自贸区、G60 科创走廊等平台为先发地，以创新券、数据共享、要素供给一体化等方式为手段，搭建产业沟通与协作的桥梁，探索长三角产业发展的新格局。三省一市各自发挥“长板更长、特色更特”的优势，在“强链、固链、补链”中分工协作，聚焦重点领域、产业链的关键环节，建立产业链、价值链与供应链的协调共享机制，提升企业核心竞争力和高端制造能级，建立了集产业溢出和承接为一体的长三角产业一体化协同发展区。

（三）产业创新

创新是长三角产业发展的灵魂所在，从国家和三省一市的产业政策来看，“提高创新能力”“建设创新性国家”“创新驱动”等一系列产业措施都聚焦在创新之上，在长三角产业发展的实践中，螺旋式创新成为长三角产业发展的基石，传统产业与新技术、新模式、新业态的融合发展成为产业合作的热点。围绕长三角产业发展的核心技术，进一步聚焦培育具有核心创新能力的企业，“长三角国家技术创新中心”“长三角产业创新城市联盟”等相关机制已经建立，因此，自主创新是推动长三角产业体系升级的核心要素。

第二节　长三角在世界产业版图中愈加重要

20 世纪 80 年代以来经济贸易全球化成为时代的特征，各国政治、经济、文化、社会等多元领域日益走向深度融合与相互依存，在全球新冠疫情的大考之下，全球化或将进入 4.0 版本。① 虽然全球化的大趋势不会变革，但经济全球化逆流与全球价值链缩短等因素在一定程度上也推动全球化走向新的拐点，世界各国之间的技术交流与产业渗透在新的多边贸易机制下将焕发新的生机，《区域全面经济伙伴关系协定》（RCEP）的签署、英国申请加入《全面与进步跨太平洋伙伴关系协定》（CPTPP）等多边机制引导全球经贸活动持续推进，全球的产业、科技将进一步变革。② 随着世界产业格局和技术创新的高度网络化发展，技术与制造深度融合，全球竞争则更多地体现在制造创新网络的竞争，特别是先进制造业集群竞争。③ 面对世界“百年未有之大变局”的外部挑战，必须要释放中国在全球产业中的

① 檀有志：《全球化的阶段性特征及未来方向》，人民论坛网，2021 年 5 月 16 日，http：//www. rmlt. com. cn/2021/0515/613506. shtml。

② 崔卫杰：《自贸区高质量发展的多维度思考》，《开放导报》2022 年第 2 期。

③ 赛迪智库：《世界级先进制造业集群白皮书》，2020 年 9 月 14 日，http：//www. ccidwise. com/uploads/soft/200914/ 1-200914095Z0. pdf。

优势条件，深入贯彻落实科技自立自强战略支撑国家发展的要求，抓住全球新一轮科技革命和产业变革孕育兴起之机，不断实现在全球价值链中的高端攀升，重塑世界竞争格局、改变国家力量对比。

一　世界产业版图发展格局的现状

1980—2019 年，发达经济体占全球 GDP 的份额由 75.8%下降至 59.8%，而亚洲新兴经济体 GDP 的份额由 6.8%升至 2019 年的 23.5%。同期，以 G7 为代表的发达国家在全球商品出口贸易中的份额由 50%以上降至 30%左右，而新兴经济体，特别是亚洲新兴经济体所占份额则显著上升。① 可以看出，发达国家的经济增速缓慢下行成为常态（如图 2-4 所示），“二战”之后低端产业海外迁移的“去工业化”之路将高能耗、高污染的产业推向发展中国家，而大量的高端产业仍牢固地掌控在发达国家国内，因此，大数据、计算机通信、智能制造、航空航天、新能源、大健康、基因工程等产业的核心技术聚集在欧、美、日等发达国家和地区。这些国家和地区实现了从工业“1.0”到工业“4.0”的转变并占据了全球产业竞争的制高点。

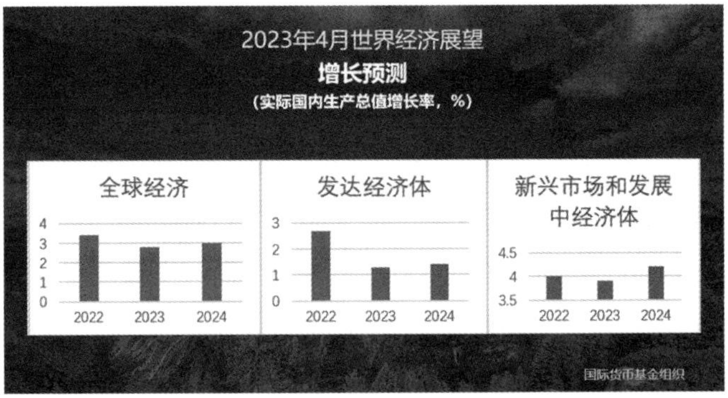

图 2-4　全球 GDP 增速示意

资料来源：IMF《世界经济展望》，2023 年 4 月。

① 中国银行研究院、全球经济金融研究课题组：《全球经济金融展望报告（2020 年第 4 季度）》，2020 年 9 月 28 日。

近几年，在全球产业链重构的影响下，世界经济的平衡被打破，价值链逐步缩短让发达国家更加重视“再工业化”之路，全球的离岸经济布局模式开始向以大洲、大陆形成供应链闭环的近岸经济布局，比如北美自由贸易区将原材料、半成品、零部件等生产基地设在墨西哥，远洋运输的进出口贸易逐渐被取代。中国等东亚和太平洋的新兴市场国家在承接了发达国家产业转移的基础上快速发展，但中国与菲律宾、巴西、印度、越南等国家在产业发展与产业结构上也各有不同，各国在不同程度上正经历由产品粗加工向深加工、自主创新之路的转变过程，传统产业与新兴产业的变革成为重要的特征，科技成为发展中国家重塑世界产业竞争力的利刃。

二　世界产业结构变动对中国的影响

随着全球各国市场份额的转变，以 WTO 为代表的多边经贸规则已经难以有效缓解当今世界产业结构之下的贸易冲突，重塑国际经贸规则不只是新兴市场国家的需求，也是世界经济发展的必然选择。区域性的多边贸易规则或将成为国际经贸治理的重要手段，这会对中国产生两方面的影响，一是部分规则通过非关税壁垒、原产地限制、高标准、知识产权等条件限制将中国排除在外，企图通过“规则合围”限制中国产业在全球的发展；二是区域贸易的增加也意味着跨境贸易的减少和各国小企业填充国内市场的增加，而中国作为产品的进出口贸易大国，国际物流受限、物流成本上涨等因素将限制中国外向型产业的增长规模。

世界产业结构调整导致中国面临发达国家对中国科技壁垒的限制和发展中国家转移制造业的冲击的双重风险，为摆脱科技壁垒的限制，切实提升创新策源能力，实现价值链低端向顶端的攀升，自主研发已经成为整个社会迫在眉睫的任务，尤其是长三角地区作为中国产业链较为完备的城市集群，打通上下游产业中创新生态循环是一体化建设的必修课；而全球大型制造业企业搬离中国，寻找交通位置更加便利、劳动力成本更加低廉的新兴制造业基地，虽然不会对中国产生根本上的影响，但部分制造业出口在一定程度上会被这些地区替代，进而给打造中国健全的产业链带来不利影响。

三　长三角城市群与世界其他五大城市群发展的比较

从世界城市群发展规律看，要素资源的空间布局在不同阶段有不同的配置空间和效率要求，一般将经历点状布局、轴向布局、圈层布局和网络布局四个发展阶段，对应称为城市群空间一体化发展的1.0、2.0、3.0和4.0版。① 产业升级与创新是城市群向前发展的润滑剂，各大城市群都是依托传统制造业起步，通过引入高端制造业与先进服务业逐步进入后工业时代，特大城市（核心城市）更加强化金融业对各行业的支撑作用，并逐渐将其演化为国际金融中心，承担配置市场资源和辐射带动周边城市经济发展的责任。

长三角城市群也沿着世界城市群发展的规律进入2.0版与3.0版的阶段，上海已经建立国际金融中心，为长三角城市圈产业升级和进一步突破与掌控核心技术提供强大的资本支撑。同时，产业发展愈加重视原始创新的源动力，在集成电路、生物医药、人工智能等新兴产业上持续投入科技研发，加大城市群之间的协同合作力度，区域产业合作逐步实现常态化态势。先进制造业向高质量、高技术、高水平迈进，长三角区域在产业结构转型升级上契合了并跑、领跑世界产业变革的需求，为长三角建立世界级产业集群打下坚实的基础（如表2-2所示）。

---

① 宗传宏：《遵循世界级城市群发展规律打造温暖优美弧线》，东方网，2021年3月3日，https://n.eastday.com/pnews/1614736858770149790。

表 2-2　　世界五大城市群与长三角城市群对比

城市群	面积与位置	主要产业	区域协调机制
美国东北部大西洋沿岸城市群	占地 13.8 万平方千米，以纽约为中心，包含波士顿、费城、巴尔的摩和华盛顿等主要城市，北起缅因州，南至弗吉尼亚州	金融业、商业服务业、生物科技产业、信息技术产业、医疗健康产业、和旅游业等	超越行政边界的合作和协调机制
北美五大湖城市群	占地面积约 24.5 万平方千米，由美国的芝加哥、底特律和加拿大的多伦多、蒙特利尔等组成	金融业、汽车即零部件配套产业、交通运输与物流业、商业服务、医疗设备、电力等产业	政府协会与政府协议和特设机构协调模式
日本太平洋沿岸城市群	总面积 3.5 万平方千米，以东京、大阪、名古屋三个城市圈为中心，是日本政治、经济、文化、交通的中枢	金融、汽车产业、电子电器、精密仪器工业、高端软件服务、都市型新农业等产业	政府规划引领与三大都市圈协调发展模式
英伦城市群	面积 4.5 万平方千米，以英国伦敦—利物浦为轴线，包含伦敦、利物浦、曼彻斯特、利兹、伯明翰、谢菲尔德等城市	金融、信息技术、生物制药、航天航空、数字与创意、工程制造等产业	行政架构协调模式与多元化的协调组织
欧洲西北部城市群	总面积 145 万平方千米，由法国巴黎城市群、比利时—荷兰城市群、德国莱茵—鲁尔城市群构成，包含巴黎、布鲁塞尔、安特卫普、阿姆斯特丹、鹿特丹、海牙、埃森、科隆、多特蒙德、波恩、法兰克福、斯图加特等城市	金融服务业、时装业、物流仓储业、信息与通信技术、旅游业等	市镇联合体协调模式
长三角城市群	总面积 21.17 万平方千米，以上海为核心，由江苏、浙江、安徽、上海三省一市组成，包含南京、杭州、宁波、合肥、等城市	金融、汽车、生物产业、电子信息、数字经济、电子、高端装备制造、石化、新材料等产业	政府制度引导、行业专业指导和市场竞争驱动的多主体协同机制

第三节　长三角产业创新的基础支撑

经过 30 多年的实践探索，长三角在国家推动区域经济一体化战略的指引下，叠加“一带一路”建设、长江经济带发展等深入实施，充分奠定长三角地区探索世界级城市群建设的战略基础。在战略动能的推动下全面实现产业合理布局，通过区域产业经济发展个性与共性的相辅相成，推动长三角区域经济发展格局跃升世界头部行列，不断增强经济承载和辐射带动功能、提升先进制造业智能化水平、优化创新资源集聚转化功能、改革开放门户和综合服务功能，进而提升长三角城市群整体发展能级，形成三省一市合作与竞争共存的高质量一体化发展格局，打造成为区域协作的高水平样板。同时，在进一步增强国内循环与国际循环的柔性和韧性中凸显长三角的战略优势地位，通过调整区域经济布局和对外开放水平，从制度、技术、规则等多方面实现国内循环与国际循环相互融合、相互促进的新格局。

一　区位优势——“一带一路”和长江经济带的交会地带

长三角作为一个地理概念，地处中国的中东部，是长江入海口自然冲积而形成的平原，随着区域经济发展的内涵的增加，逐渐演变成三省一市协同共建“一核五圈四带”世界级城市群的重要区域，其以上海为核心，与江苏、浙江两省相接，在沪宁、沪杭、杭甬、沪甬等交通通道的支撑下，遵循“强化产业集群、深化国际分工、促进内部协调、加快产业升级”的发展思路，为“一带一路”建设和引领长江经济带发展提供动能。具体来看，上海作为国际经济中心，不仅是建设“一带一路”的桥头堡，而且是长江经济带的龙头城市，拥有雄厚的政治、经济和社会发展基础，“创新驱动发展，经济转型升级”催动了其科技研发能力与产业创新能力不断发展，锻造出上海产业结构高端化发展的态势；依托长三角发达的海陆空交通网络，各省产业结构调整的步伐持续加快，在江苏强劲的制造业、浙江发达的民营经济与安徽后发的新兴业态的基础上，围绕产业链条延伸、提升、渗透、创新来展开，不断推动产业向产业链高端迈进，提升国际竞争力，与上海共同构建出资源共享、互惠互利的长三角产业结构和产业布局。

二　政策优势——长三角高质量一体化发展战略机遇

（一）多重政策引导长三角产业一体化

在《长江三角洲区域一体化发展规划纲要》《长三角生态绿色一体化发展示范区先行启动区产业项目准入标准（试行）》《长三角地区一体化发展三年行动计划（2021—2023年）》《长江三角洲地区区域规划》《关于依托黄金水道推动长江经济带发展的指导意见》《长江经济带综合立体交通走廊规划》《推进长三角区域市场一体化发展合作协议》等国家战略与产业政策的加持下，长三角聚焦经济、产业、创新、环保、信息化、市场化、交通等重点领域，以提升城市能级和核心竞争力，增强长三角在全球高端要素资源配置的能力。随着长三角一体化国家战略内涵的不断丰富，产业发展抓住跨省市一体化转型的机遇，在“交通强区”、“补科创短板”和“新基建”等发展方向打出长三角一体化发展的“组合拳”，为长三角地区重点产业领域的“点状突破”到“链式创新”提供了政策机遇。长三角一体化规划蓝图为强化三省一市产业集聚提供协同发展的指引作用，沪苏浙皖产业竞合、分工与协作关系进入新阶段，长三角地区的现代化产业结构得到不断优化，为建立长三角世界级城市群、引领中国产业实现高质量发展、打造国家发展强劲活跃增长极提供了发展的动力。

（二）新格局下构建双循环发展战略

基于长三角地区沟通内外的独特区位优势，为贯彻落实中国加快构建以国内大循环为主体的新发展格局，如何利用长三角作为对外开放的门户，全面提升新发展理论下对外开放的水平，打造国际竞争与合作的新优势，成为长三角强化国际竞争力的新命题。新发展理念为长三角实现优化现代产业体系结构、深化供给侧改革、建立国内外双循环发展新格局等发展理念注入新的血脉，有利于推进长三角区域产业变革在新一轮改革开放中向重点领域、关键环节调整，打造产业结构转型升级的先行地和对外开放新前沿。目前，长三角地区以制造业转型升级为起点，持续加快现代服务业触角的发展与延伸，经济质量效益和核心竞争力都实现了跃升，增强了该地区承接国家战略的韧性。

（三）G60 科创走廊创新联动机遇

2016 年 1.0 版 G60 上海松江科创走廊在松江迈出第一步，随着《沪嘉杭 G60 科创走廊建设战略合作协议》，更多城市参与到“2.0 版”长三角 G60 科创走廊建设中，时至今日，长三角 G60 科创走廊已跨进由上海、嘉兴、杭州、金华、苏州、湖州、宣城、芜湖、合肥九个城市共同参与建设的 3.0 版中。G60 科创走廊腹内有高校、科研机构和重点企业云集的优势，功能在于深化产业集群布局、推进联合攻关核心技术等方面，为长三角一体化产业集群发展、科创要素自由流动、产融结合形成良好的氛围，开启了“多地布局、分工合作、功能化差异”的长三角跨区域地市级合作典范。依托长三角地区科技创新优势和创新要素活力的生动实践，在制度创新、产业融合和城市一体化发展上先行先试，为共同突破产业发展的关键共性技术提供了新路径。《长三角 G60 科创走廊建设方案》显示，G60 科创走廊的研发投入强度达到 3%，新兴产业增加值占地区生产总值比重达到 15%，上市（挂牌）企业数量年均新增 100 家以上，高新技术企业年均新增 3000 家左右，规模以上工业产值、外贸进出口总额位居前列。

三　创新升级——长三角产业创新跑出“加速度”

长三角是中国创新活力最为强劲的地区，是中国大学、科研机构、创新型企业最为集中的区域之一，通过对中国三大城市群进行比较可以发现长三角城市群拥有最佳的创新环境和创新服务，并以最少的创新资源获得了最大的创新绩效。长三角区域一体化发展步入认识高度统一、加快推进的新阶段，各重点领域合作取得明显成效，呈现出多领域、多主体、多层次深入推进的良好势头。在战略规划上以科创策源能力建设为目标，注重科技创新前瞻性布局和资源共享，同时发挥上海的研发驱动作用，协同带动周边城市发展。逐渐形成了科研要素聚集、人才多极化分布、科创基础协同发展的基本格局，搭建起以上海、杭州、南京、合肥四市为核心连接点的科研合作网络，实现了良性互动的技术溢出效应和创新要素的高效流动，为长三角科创一体化协同发展营造了良好的发展环境。

长三角科技创新合作规模不断扩大，科技创新跨省合作进入加速期。长三角以三大重点产业集聚高端科创要素，打造国际科技创新要素对接服务平台，形成自主创新资源集聚的国际创新策源地。长三角地区通过协同打造创新集中攻关大平台，强化区域创新合作与协同，形成共建共享的区域创新体系，突出竞争新优势。据统计，长三角区域创新协同指数年均增速 10. 32%，2020 年沪苏浙皖三省一市共计划实施一体化重大项目 1390 项，总投资达 7. 81 万亿元。在新开工项目中，10 亿元以上的人工智能、生物医药、工业互联网、大数据等科技创新和产业协同项目共 253 项，总投资 9786 亿元，占 2. 20 万亿元总投资的 44%，产业创新正爆发巨大潜力。同时，智慧化、个性化和定制化的智能制造重新定义了长三角制造业，以工业化和信息化融合发展为抓手全面推动制造业技术向中高端层面发展，不断推动传统技术改造和工业设计理念的转变，由工业化发展阶段向服务化发展推进，将智能制造作为“长三角制造”向“长三角智造”转变的重要武器，成为产业结构调整和经济提质增效升级的重要抓手。长三角以技术创新推进科学布局产业链，通过资源整合机制搭建技术研发与成果转化之间的桥梁，提升重点产业的核心竞争力，实现全生命周期等新业态、新模式发展。

第四节　长三角产业结构的问题分析

后疫情时代，全球产业链秩序重构，微观企业生存和宏观产业体系的恢复都离不开内需市场的振奋，释放国内产业链供应链布局架构的潜力，建立全产业链安全可控和有利于整体发展的产业链“微笑曲线”，从而使产业迈上中高端并保障产业体系的安全。长三角一体化战略实施以来，各地主动打破壁垒，长三角地区制造业发达且有雄厚的资金支撑，推动了创新要素自由流动，产业发展有了较大的生长空间。但是地区间发展的不均衡和外向型经济的内收等问题，对长三角产业转型升级产生一定的阻碍。长三角一体化产业协作的问题亟待破局，产业协作的“堵点”、“难点”和“断点”仍然存在，同时，“十四五”规划对产业发展提出更高的要求，“碳达峰”与“碳中和”为产业升级定下紧箍咒，绿色低碳成为产业的前提。

一　产业结构改革需进一步加强

2015 年为应对中国经济投资疲软，供需错配与供给体系不足导致中国产业结构现状无法满足日益增长的国内市场需求，经济新常态下产业结构优化升级成为深化供给侧结构性改革的展现形式之一。2017 年，中央持续推动供给侧结构性改革的主线，核心就是通过新技术、新产品和新模式将中国制造转变为中国创造，将高质量、高水平发展作为产业结构调整的主攻方向，做好产业发展的“加减乘除”。2019 年“去产能、去库存、去杠杆、降成本、补短板”的供给侧结构性改革取得明显成效，“巩固、增强、提升、畅通”成为产业结构调整、资源优化配置的重要抓手，供给侧结构性改革实现了质的升级。进入“十四五”发展期，以内循环为主的“需求侧改革”成为推动经济发展的重要力量，消费升级和投资需求将进一步引领产业结构优化升级。

长三角地区作为“出口型”产业基地，在产品出口的同时拓展国内市场成为践行“双循环”发展战略的重要窗口，尤其是制造业发达的浙江省，在响应国家“出口转内销”的举措上实施《浙江省商务厅等9部门关于推动外贸企业开拓国内市场的若干意见》政策，江苏省出台《关于支持出口产品转内销促进内外贸融合发展的若干措施》以及安徽省出台《安徽省商务厅 安徽省财政厅关于支持出口产品转内销等有关外贸促进政策的通知》,① 内外贸联动发展充分释放了国内市场的需求，推动了个性化定制与柔性化等生产工艺的提升，为产业链“补链、固链、强链”行动注入新的力量，成为推动长三角产业结构有序调整的重要方向。同时，“国产化替代”也是“双循环”战略发展的应有之义，尤其是在重点产业上实现国产化替代成为长三角缔结完善产业链的重要一环。

国内市场需求的提升对长三角产业提出了更高的要求，当前长三角地区的产业转移供给与需求的有效对接需要进一步加强，产业竞争仍是地区经济发展的主旋律，需要适宜的产业梯度和利益共享机制来推动产业分工体系建立，在产业的多个环节突破低端锁定的局限，这也是长三角制造业发展受掣肘的重要原因。因此，要充分发挥市场竞争的优势，掌握产业发展的核心技术，利用好“出口转内销”“国产化替代”的发展机遇，进一步完善长三角地区的产业结构，发挥区域经济和产业集群的优势。

二　产业结构同构问题突出

产业结构的“同构化”是指在各地区产业结构变动过程中不断出现和增强的区域间结构的高度相似趋势。② 长三角地区因区位发展基

① 屈凌燕、郑钧天、陈刚：《奋楫勇逐浪　探路“双循环”——2020长三角高质量一体化发展一年间》，《经济参政报》2020年12月22日第A05版。

② 冯立欣、胡平东：《中国地区产业结构同构化成因的博弈分析》，《经济研究导刊》2009年第10期。

础相似、资源及产业发展要素相似等问题比较突出，产业同构成为长三角产业发展的一大特点（如表 2-3 所示），浙江—上海产业同构度最低，其次是江苏—上海、江苏—浙江产业同构度相对最高①。有学者认为地区行政垄断与产业同构之间存在的较为严重的正相关关系使得区域之间产业结构趋同对经济发展产生负面影响，② 而三省一市在土地、税收、人才、创新等领域出台了一系列相似政策，导致政策之间的“资源大战”“抢人大战”等无序竞争格局严重制约了区位优势的发挥。同时，长三角地区在产业同构的困境下并未释放出差异化分工的优势，产业内分工并没有受到三省一市政府的重视，因而在细分领域产业链一体化集聚发展还有很大的空间。但是，产业同构带来的不只有产业风险，良性的博弈能激发产业创新活力的释放，推动产业技术迭代发展，激发长三角地区依托产业集群协同共进带动整体产业升级，走长三角产业一体化而非一样化发展的道路。

三　协同创新动力机制不健全

在产业创新转型过程中，长三角围绕优势产业链一体化布局创新链，以科学研究和原创思想为基点、以技术研发和技术应用研发为转介、以产业化和市场化生产应用为出口，构建一条全链条式创新—产业体系，逐渐形成了科研要素聚集、人才多极化分布、科创基础协同发展的基本格局，推动了传统产业与新技术、新模式、新业态的融合发展，形成了资源要素集聚、创新链与产业链融合、产业平台运转等优势。目前，长三角创新活动的协作还不够深入完善，尚未真正实现创新网络的有效对接。三省一市各行政区之间都有自

① 孟凡琳、王文平：《长三角地区产业同构合意性研究》，《统计与决策》2021 年第 4 期。

② 于良春、付强：《地区行政垄断与区域产业同构互动关系分析——基于省际的面板数据》，《中国工业经济》2008 年第 6 期。

己的科技创新发展规划，虽然G60科创走廊带动了跨区域技术转移，但总体来看彼此间的协作互通性还有待提升，创新的合力不足以支撑长三角企业科技创新的整体需求。

表2-3　　长三角地区三省一市重点产业比较

省市	优势趋同产业	特色产业	重点产业政策
上海市	人工智能、数字经济、生物医药、汽车、化工、电子信息、装备制造、新能源、新材料	金融、在线新经济、研发设计、总集成总承包、检验检测认证、现代供应链	《“十四五”新城产业发展专项方案》《上海市5G移动通信基站布局规划导则》《关于加快特色产业园区建设促进产业投资的若干政策措施》《上海市首批次新材料专项支持办法》《上海市信息化建设和应用专项支持实施细则》《上海市高端智能装备首台突破专项支持实施细则》《上海市人工智能创新发展专项支持实施细则》等
江苏省		数字经济、冶金、机械、电力	《江苏省“产业强链”三年行动计划（2021—2023年）》《江苏省工业大数据发展实施意见》《江苏省区块链产业发展行动计划》《省政府办公厅关于深入推进数字经济发展的意见》《关于进一步加快智能制造发展的意见》等
浙江省		轻工制造业、纺织、废品废料、软件、环保、健康、旅游	《制造强省建设行动计划》《关于加快集成电路产业发展的实施意见》《关于进一步加快软件和信息服务业发展的实施意见》《关于石化产业调结构促转型增效益的实施意见》《浙江省区块链技术和产业发展“十四五”规划》《关于加快我省工业设计产业发展的实施意见》等
安徽省		金属、矿产、农业、家电	《皖北承接产业转移集聚区建设实施方案》《支持工业经济高质量发展若干政策》《先进制造业集群培育三年行动计划》《支持5G发展培育数字经济发展新动能若干政策》《智能汽车创新发展战略》《支持人工智能产业创新发展若干政策实施细则》等

在整个创新生态系统中，政府引导的科技创新资金投入逐年增加，保护创新的体制机制也越发完善，随着服务型政府的简政放权，市场监管也进一步放开，但地方政府政绩的非共享性和排他性带来政府间的竞争，创新要素流通不畅，市场分割、恶性竞争和地方保护等现象严重阻碍了跨地区合作，科技资源共享缺乏长效机制。实现长三角技术创新一体化联动效能，需要不断完善支撑创新发展的各个环节。目前，长三角产业创新仍是以政府为主导，企业在创新研发中迟迟未能发挥主体地位，而基础创新布局科创战略重要的一环就是激发企业在技术创新中的主体地位，围绕创新的各个要素实现创新主体之间的协作配合。例如，美国硅谷的高新技术企业中，研发人员与制造人员比例为3∶2，研发与制造模式灵活的企业，自主创新能力更强劲。

此外，科技创新投入的“新陈代谢率”较低，科技转移转化的全链条全环节需要系统提升。一是成果转移转化的第三方科技服务体系不成熟。长三角地区的专利申请数量与专利转化数量之间存在较大的差距，而这个转化的过程中也缺乏专业的技术转化服务队伍，相比纽约、硅谷等城市和地区，长三角地区专业的科技中介服务不够发达，知识产权保护和管理与国际标准和水平间存在差距，擅长市场化运作的机构数量少。二是专利成果的质量不足以支撑成果转移转化。近年来长三角地区专利数量稳步增加，尤其是作为研发飞地的上海，专利成果更是逐年上升，但是专利质量仍须提升，专利技术的应用与企业产品之间的需求对接、转化渠道等还存在一定的障碍，同时对于新兴领域的专利研究须进一步加强。

四　“碳达峰、碳中和”与现有产业结构的矛盾

“碳达峰、碳中和”是中国经济发展和应对生态环境保护问题的重大策略，无论是从国内外生态环境现状还是经济社会发展的现实需求来说，由工业文明进入生态文明时代，绿色经济是不可违背的

发展规律。当前中国产业发展对能源的需求依存度还过高，且能源总量的消耗也将持续增长，因此，中国碳排放的目标是到 2030 年前达到峰值，产业、能源、经济结构的转变在未来几年的发展中异常重要；当碳排放达到顶峰以后，经过 30 年中国将完成碳减排任务，通过发展动能的转换和生态环境的优化，实现“零碳排放”即碳中和目标。这是中国大国责任的担当，也是构建人类命运共同体的应尽职责。

长三角地区能源需求与经济发达程度成正比，这也意味着该地区的碳排放值较高，对清洁能源、可再生资源的需求较大，为应对资源的有限性，三省一市秉承各自的产业和能源基础，着力提升资源利用效率、技术升级、生态保护和污染防治。江苏拥有全国约四分之一的绿色建筑面积，风电节能与新能源装备等产业实现绿色制造；浙江开启“数智”控碳行动，努力建设“十百千”零碳示范单位，光伏和核电零部件产业特点突出；安徽一边在新能源电气产品方面和光伏、太阳能、风能、生物质能等可再生资源的应用方面实现碳减排任务，一边建设美丽长江（安徽）绿色经济带，全面提升绿色发展的质量；上海为争取提前 5 年实现碳达峰，持续扶持光伏、新能源汽车等产业发展，在新能源产品研发、技术革新、产业总部等方面起到引领示范作用。虽然长三角“控碳”行动已经取得了一定的成果，但长三角地区能源消耗占全国能源消耗量的比重依然很大，产业结构偏重仍是长三角推进节能减排工作的一大障碍，低端与高耗能产业实质上也是技术创新的问题，引导产业升级与加强社会生态治理是实现碳中和的重要一环。

五　体制机制需要适时调整

行政壁垒的存在仍是制约长三角一体化的重要挑战之一，行政手段在长三角跨区域发展中仍具有强大的干预能力，三省一市间关于产业发展的政策普惠性力度较弱、缺乏统一的市场体系、公共服务的区域一体化断崖等问题阻碍了产业要素在地区间的自由流动，各地区之间产业功能布局又各自为政、产业竞争大于产业分工与协作、各地指标考核相差较大等不利因素，这与经济活动的发展轨迹不相匹配，制约着长三角一体化发展，使长三角缺少能够参与高能级产业全球竞争和资源配置的“单项冠军”和“团体冠军”。

在“一带一路”倡议的支持下，作为经济开放腹地的长三角也推出了一系列的政策支持企业“走出去”，将中国企业带向海外投资。在这个过程中，已经成为跨国公司和具备跨国公司雏形的国内企业通过并购、绿地投资、工程承包、品牌合作等多种模式在全球配置资源，不仅提升了外循环经济的水平，还完善了产业价值链，提升企业对产业价值链的控制能力，提高了企业在国际分工和价值链中的地位，但随着国际经贸摩擦加剧其也面临着海外经济行为的风险，譬如，没有专业的第三方机构为企业谋定海外贸易的风险、政府外贸风险防控机制不够健全、海外经营的合规性受到更高的挑战等问题。

第五节　优化长三角产业结构的策略

在长三角一体化的基础上扎根“双循环”理论，立足扩大国内需求和积极参与经济全球化联动发展的两大发展路径，构建长三角开放新格局。现代产业体系要坚持“以产促城，以城兴产，产城融合”的发展思路，以制造业转型升级为起点，加快现代服务业触角的发展与延伸，实现提高经济质量效益和核心竞争力的目标。以细分领域的全产业链为中心，重组上中下游主体和产能的供应链，全面拓展产业门类、产业能级、产业规模和产业特色，通过产业链布局创新链、以创新链引领资金链的全产业链的布局，合力共建以产业集群为牵引的区域全产业链接链、补链和强链行动，打造先进制造业体系。通过打通三省一市体制机制的樊篱、拓展人才流动的渠道、强化创新成果转化率、提升市场主体的竞争力、营造更加开放的市场环境等措施，建立统一、开放、竞争、有序的服务业市场环境，提升长三角在国内乃至国际竞争中的整体价值，为中国建设全球产业链和重构世界产业链分配发挥重要作用。

一　深化产业结构改革，释放内需市场潜力

产业布局要立足长三角地区一体化发展，开创“双循环”新格局的先行区，发挥长三角产业链集群的优势作用，协同共建一体化产业发展机制。一方面，随着产业内部专业化分工的深化，三省一市的工业升级越来越依赖于服务业的发展规模和发展程度，通过高新技术尤其是信息技术和现代科技成果推动现代制造业的智能化发展，并加强与科技含量高和劳动生产率高的现代服务业融合，全面提高制造业的经济效益和产业竞争力，使之成为促进经济增长和产业结构优化的主要推动力之一。同时，外向型产业要注重挖掘国内市场的需求，从整体消费向服务消费升级、商品消费向中高档升级、服务消费向提质增效升级、线下消费向线上线下结合升级等方向上发力，借助长三角产业集聚的优势提升产品供给能力，推动智能家居、智慧医疗、智慧广电、智能网联汽车和智能可穿戴设备等产品研发和产业发展。着力提升产业的技术含量和附加值，延长产业链，由加工组装向技术、品牌营销转变，推动生产制造与服务贸易融合发展。①

另一方面，通过完善三省一市产业布局上的“加减乘除”，打造长三角的产业梯度格局，引导区域协同配合，围绕培育千亿级产业体系，推动经济高质量发展。基于差异化的发展水平和产业布局协同发展，打通上下游产业链，推动产业间分工、产业内分工和产品

① 川江：《稳住外贸外资“杀手锏”Ⅱ：打通加工贸易外转内“堵点”》，《中国商界》2020 年第 5 期。

分工协调、互动发展，建立一个动态、多层次的区域产业分工体系。① 发挥上海在技术上的优势，推进跨区域的传统、劳动密集型产业园区共建，通过三省一市各自的优势构建产业耦合的大中小微企业协同共创的现代产业集群，辐射带动产业链的孕育，形成特色工艺和知名品牌，提高附加值；加强政策引导，通过税收分成、跨省经济指标统计等方式，协调江苏、安徽等地积极开展产业对接，在这个过程中，要加快转变经济发展方式，支持具有国际竞争力的技术密集型产业发展，形成自我的产业发展特色。破除路径依赖主动承接上海功能转移和辐射，从依靠规模扩张转向依靠效率、质量的提升。

二　优化区域发展机制，解决区域联动障碍

政府必须以区域资源禀赋作为基础，通盘考虑国家发展整体战略，在体制机制的引导下破除制度的短板，坚持深化服务型政府改革，强化“以人民为中心”的政治理念，通过开放共享理念打造良好的政府服务生态。通过产业的对接强化政策协调性，制定和实施战略、规划、政策以调控经济活动，打通跨区服务平台关卡，加强集群区域发展联动性、产业体系完备性，形成优势互补、高质量发展的区域经济布局。围绕长三角的国际、国内发展形势，适当增加区域性统计指标，确保统计工作的全面性和及时性，充分发挥统计数据在促进地区经济发展和转型升级、提质增效中的作用。

通过市场的自我调节机制，释放企业在区域发展中的活力。推动建立以企业为主体的区域联动发展体系，能够平衡政府硬性法律政策规定的不灵活性。要重点加强市场一体化发展机制，以企业和居民为主体，引导劳动、资本等生产要素在长三角区域进行合理配

① 樊福卓、张彦、于秋阳：《长三角分工、协同与一体化：上海探索与实践》，上海人民出版社 2019 年版，第 70 页。

置，消除资源错配问题。①在长三角产业规划的引导下，企业自主调节空间布局结构，发挥行业协会、产业联合会等行业组织的协调作用，建立跨省的长三角产业或行业商会组织，打造区域产业发展的生态基地。

积极搭建起一体化合作的区域多机制、多层次创新合作平台。一个高端的科技交流平台，无疑也是撬动科技创新的支点，并辐射带动周边城市的一体化创新。通过开展长三角科创主题的论坛、研讨会，以及专场洽谈会，助益企业间进一步对接各项资源、展现科技创新企业风采。鼓励科技型中小企业和创新创业团队充分利用科创平台提供的科技共享创新服务，探讨更加公平合理的平台管理模式，从创新的起点上为企业搭建公正的市场环境。

三 完善创新体系，实现技术自立自强

围绕产业准入—资金支撑—成果转化—中介服务—交易保护的整个创新环节，构建政府、企业、科创机构、市场等多主体参与的创新模式，加快建设和完善新型创新生态系统，成为推动长三角区域企业创新转型的关键。

其一，政府要加大对基础研究长期稳定的支持力度，引导企业增加基础研究投入；持续深化科技领域“放管服”改革，进一步破除对科研人员的束缚，加快完善科研项目管理评价、收益分配等制度，相关部门在管理上要开辟绿色通道。尤其是长三角各地在土地、税收、人才、创新领域出台了一系列相似政策，导致产业政策扁平化，也使得重大的科技专项资金支持重复投入各地的支柱产业之中。然而地区彼此之间产业政策却互不相通，需要形成统一的跨省级产业政策支撑，以破除长三角“研发投入少、创新水平低”的格局，

① 张学良、林永然、孟美侠：《长三角区域一体化发展机制演进：经验总结与发展趋向》，《安徽大学学报（哲学社会科学版）》2019 年第 1 期。

推动区域联动创新，减少科技创新的重复投入，共同构筑区域科技创新。

其二，将科技中介从服务体系中剥离出来，建立专业化的科技成果转化咨询机构，集信息发布、信息咨询、成果展示、成果评价、成果交易于一体，联动长三角科技创新转化系统，通过科学技术经纪人协调信息不对称、利益矛盾、识别技术新颖性与成熟型等市场化交易过程，促成科技成果转化项目的落成，进而带动产业升级。在现有创新成果转化平台的基础上，继续搭建多种科技创新成果转化公共共享平台体系，引导社会资本参与成立科技创新成果转化基金，扶持实力较弱企业实现科技创新成果的转移与转化，从而增强企业科技实力和竞争力。在创新成果转化领域，发挥上海强金融市场的辐射带动作用，引入金融资本为企业创新注入原始的动力，缓解长三角地区创新型企业面临的融资困难，推动技术进步和产业升级。

其三，推动建立以企业为主体的技术创新体系、以企业为主体的创新资源分配格局。以企业自主研发推动科研成果的市场化运用和市场开拓，针对不同类型的企业出台相应的政策保障制度，充分连接每一种企业的需求，才能激发整体的企业创新能力。首先，公平的竞争环境至关重要，产业补贴应当高效、快速、公正地对待每家科创型企业，为民企提供创新的动力，保障民企有足够的资金投入技术研发，增强民企市场服务的积极性。其次，激发其基础研发投入要尊重科学发展的规律，短期内要对失败有一定的容忍，建立科研的容错机制，解决国企“国有资产流失”的后顾之忧。此外，发挥国企的优势收购具有强大研发能力的孵化型创新企业，不断地激发企业的创新动力。最后，任何科技创新型企业都需要人才的保障，制定以产引才、以才促产的人才战略，运用新思维，打通三省一市人才的供给模式，发挥头部企业人才培育的责任，为长三角输送高端科技人才。

四 围绕环境协同发展，推动产业结构调整

长三角坐拥尖端的科技基础，为提前实现“碳达峰、碳中和”目标提供有效保障。生态环境保护与产业结构调整是经济发展的一体两翼，即“绿水青山就是金山银山”。应从产业发展的角度让低碳技术在长三角遍地开花，对接全球最先进的绿色技术与产品，通过技术创新、产业升级、产品研发等手段，助力高耗能、高排碳产业有序转型，提高能源的利用效率，寻找可持续的清洁能源。在三省一市建立长效的绿色产业升级奖励机制，由长三角区域合作办进行评估，实时监控区域内建设项目环境影响评价工作的实施情况。

对内，为加强三省一市的沟通交流，推进低碳产业与技术在长三角的知识溢出效应，要深化长三角绿色生态一体化发展的步伐，在地区的竞争与合作中实现共同发展，突破行政边界的限制，推动低碳产业的突破性创新。并持续完善动态统一的绿色发展标准，鼓励和引导低碳产业在长三角地区自由流动。对外，绿色贸易壁垒近年来也成为国外对中国进出口商品和服务进行限制的一大方式，这种非关税贸易壁垒也反过来推动中国产业的优化升级，而长三角地区作为进出口贸易的主战场，合理化与高级化的产业模式成为长三角在关键技术、重大工程、创新成果产业化等方面取得进步的必由之路。

以崇明世界级生态岛建设为基点，连接沿江生态带，建设好长三角生态绿色一体化发展示范区，通过涵养水源、增加绿地面积、维护生物多样性等方式，打造益产宜居的生态环境。遵循“开源节流”的原则，从源头上减少污染物的排放，对“高污染、高耗能”的不适宜产业通过生态补偿等手段及时地进行产业退出与置换，从根本上减少污染物的产生；从“衣食住行”的各个环节入手，引导民众形成低碳的生活习惯。加大植树造林、退耕还林、防护带建设等行动力度，推进生态环境的修复与重建。

五　强化国际与开放发展，赋能产业“走出去”

第一，整合优势创新资源，推动产业链上下游的企业跨国发展。要以全球视野推动科技创新，深化国际科技合作，促进产业链和全球科技创新链的深度融合。① 以具有全球影响力的科技创新中心为发展目标，引导长三角地区的科技创新围绕5G、智能工厂、新一代信息技术等产业和数字经济、新能源网联汽车、生命健康、智能装备、新材料五大新兴产业等领域发展，加大对外合作中新型基础设施建设的投入，向“一带一路”沿线国家开展新基建投资，调整国家“走出去”的产业模式。制定符合长三角企业实际的跨国公司培育个性化方案和企业跨国经营指标体系，对符合三省一市优势的产业进行重点培育、引导和支持，实现在全球价值链中的高端占领。

第二，探索成立本土跨国公司服务新机制，形成信息互通共享机制和项目联合推进机制，建立完善企业跨国经营的信息化服务平台，对支持列入重点培育名单的企业开展对外投资合作给予项目备案、外汇使用、人员进出等政策支持。以长三角对外合作平台为窗口，搭建国际交流的平台，加强与国际企业的沟通交往，提升和拓展国家级、省级境外经贸合作区，积极引导跨国投资海外并购。打造具有产业投资引导、境外项目信息发布、风险评估、投资环境预测的第三方服务机构，为本土的跨国公司对外投资合作提供信息指引，力求实现产业发展优势互补、合作共赢的国内外共生式发展，不断提高企业境外投资合作可持续发展能力和防控风险能力。依托上海研发飞地优势和苏浙皖三地丰富的产业创新资源，推动本土化的跨国公司研发机构“走出去”，支持他们在海外设立研究院、研究中心。

---

① 周青：《全球产业链重构下的合围与中国的突围》，《环球经济》2021年第2期。

03

第三章

集成电路、人工智能、生物医药三大“硬核”产业发展现状

2022年8月，习近平总书记在主持召开扎实推进长三角一体化发展座谈会时明确提出要“聚焦集成电路、生物医药、人工智能等重点领域和关键环节，尽早取得突破”。集成电路、生物医药、人工智能这三大产业不仅代表着世界尖端制造工艺水平，而且囊括了下一代产业革命的发展方向，也是中美经贸摩擦后被“卡脖子”的大部分领域。集成电路、生物医药、人工智能这三大产业在中国经济社会发展中占据着重要地位，但由于其产业科技门槛高、产业链构成复杂、创新风险相对较大，并且需要长周期、大数额、低预期的创新研发投入，所以仅凭市场自身的力量来配置要素资源，难以形成有效的发展支持机制。因此，集成电路、生物医药、人工智能这三大产业的发展需要政府和市场双重发力，针对重点领域和关键环节，建立多元的合作投入机制和有效的风险分担机制，切实形成支持创新的强大合力，突破瓶颈堵点，释放产业创新活力。本章将从全球、中国和上海市三个层次着重梳理集成电路、生物医药、人工智能这三大产业的发展现状，为长三角“硬核”产业发展提供现实基础。

第一节　集成电路产业发展现状

集成电路是把一个电子电路中所需的二极管、三极管、电阻、电容、电感等元器件及导线连接在一起并制造在一片硅材料上，然后封装在一起，成为一个能实现一定电路功能的微型电子器件或部件。集成电路具有体积小、重量轻、引脚少、可靠性高、成本低、性能好、可规模生产等优点，应用领域非常广泛，是各行各业实现信息化、智能化的基础，无论是在军用领域还是民用领域，都起着不可替代的作用。集成电路行业有着高投入、周期长、高技术门槛等特征，不同的细分产业链位置有着不同的资产属性，集成电路设计属于轻资产行业，而集成电路的制造和封测就属于科技型重资产行业。基于其行业的特征，进入门槛较高，属于高壁垒行业。

一　全球集成电路产业发展状况

（一）全球集成电路发展的规模现状

随着新一代信息技术的爆发式增长，集成电路产业随其战略地位的提升，逐步成为国际竞争的主要战场。根据全球半导体贸易统计组织（WSTS）发布的统计数据，2017 年全球集成电路的市场规模为 3432 亿美元，2018 年增长至 3933 亿美元，同比增长 14.6%。2019 年，受逆全球化以及中美经贸摩擦的影响，全球集成电路市场规模下降至 3334 亿美元，低于 2017 年的水平。2020 年，5G 通信、大数据、云计算、物联网等技术有了“质”的提升。这带动着集成电路行业的市场景气度逐步提升，呈现恢复增长势头，市场规模也回升至 3612 亿美元。2021 年，集成电路的市场规模同比增长约 28.18%，达到 4630 亿美元。2022 年，集成电路行业在终端市场需求的引领和在新兴产业的带动下，市场规模达到 4990 亿美元（见图 3-1）。

从销售市场的地区分布来看，2020 年，中国是集成电路产业第一大市场，销售额占全球集成电路总额的比例高达 34%，亚太地区居次位，销售额占全球集成电路总额的比例为 27%，美国是第三大市场，销售额占全球集成电路总额的比例为 22%（见图 3-2）。

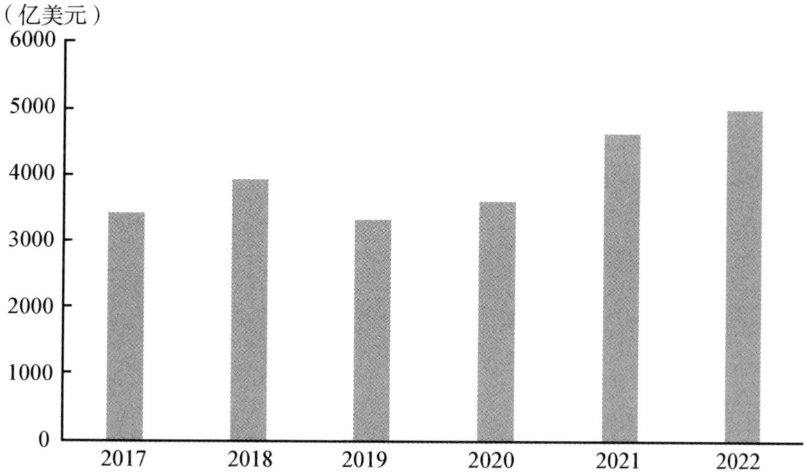

图 3-1　2017—2022 年全球集成电路市场的销售规模

资料来源：全球半导体贸易统计组织（WSTS）。

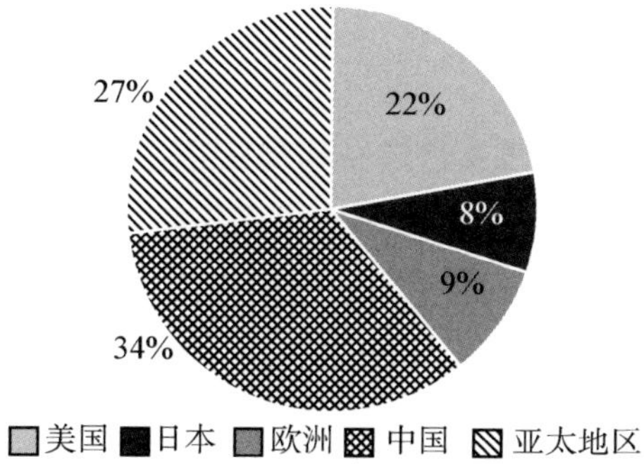

图 3-2　2020 年集成电路市场的区域分布

注：图中亚太地区不包括中国，但包括日本。

资料来源：Frost & Sullivan 数据。

从行业技术来源国分布看，中国、美国、日本、韩国是集成电路行业专利申请量居前 4 位的国家。截至 2022 年 12 月 9 日，中国是全球第一大集成电路技术来源国，集成电路专利申请量占全球集成电路专利总申请量的 51.1%，对集成电路行业发展贡献巨大。美国集成电路行业专利申请量占全球集成电路行业专利总申请量的

22.59%。日本和韩国分别位居全球第三和全球第四，集成电路行业专利申请量分别占全球集成电路行业专利总申请量的9.98%和5.47%（见图3-3）。

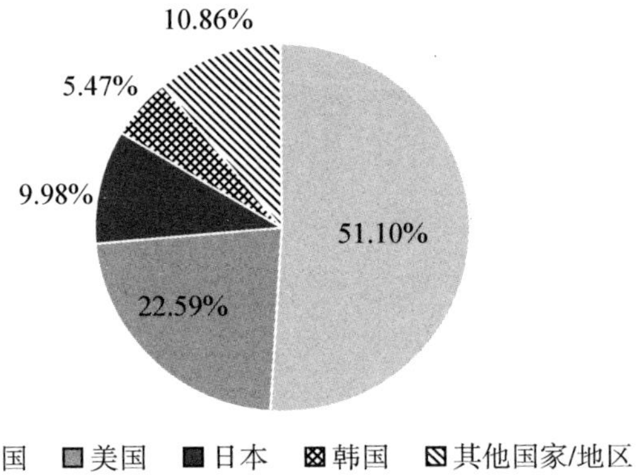

图3-3 2022年集成电路专利构成

资料来源：Frost & Sullivan数据。

（二）全球集成电路发展的结构现状

集成电路产业链按序可细分为三个产业：IC设计业、晶圆代工业及封装测试业。本节将从IC设计业、晶圆代工业及封装测试业三个方面对全球集成电路的发展结构做进一步的分析。

1. IC设计业发展现状

IC设计，通常是指以集成电路为目标的设计流程。自半导体产业垂直分工的商业模式成熟以来，IC设计行业位于产业链上游，是集成电路生产制造全流程中利润最高的一个环节。从全球IC设计业的市场规模看，根据Trend Force公布的数据看，2021年全球无晶圆IC设计的市场规模约1690亿美元，复合年增长率为13.6%，全球IC设计业发展良好。2022年前三季度全球排名前十位的IC设计企业营收有虽然有明显下滑的迹象，但其依然是最值钱的半导体细分产业之一。全球五大IC设计业的市场规模如表3-1所示。

表 3-1　2021 年全球五大 IC 设计业的市场规模

排名	公司名称	总部	2021 营收年	主要产品领域
1	高通（Qualcomm）	美国	293.33 亿美元	手机 SOC、物联网芯片、射频与汽车芯片
2	英伟达（NVIDIA）	美国	248.85 亿美元	GPU、游戏显卡、数据中心
3	博通（Broadcom）	美国	210.26 亿美元	手机芯片、网络芯片、宽带通讯芯片
4	英特尔（intel）	美国	174 亿美元	CPU 领域
5	超威（AMD）	日本	164.34 亿美元	CPU、GPU

资料来源：http：//news.sohu.com/a/566877864_ 153054。

2. 晶圆代工业发展现状

集成电路晶圆代工服务是指以 8 英寸（直径 200 毫米）或 12 英寸（直径 300 毫米）的晶圆为原材料，通过载有电路信息的掩膜（Mask），运用光刻和刻蚀等工艺流程，将芯片设计公司要求的电路布图集成在晶圆上。晶圆经过光刻和刻蚀等工艺流程的多次循环，逐层集成，经过离子注入、退火、扩散、化学气相沉积、物理气相沉积、化学机械研磨等流程，最终在晶圆上集成特定的电路结构。全球晶圆代工业的市场规模，2022 年第四季度前十大晶圆代工产值 335.3 亿美元，合计市场占比 82%。第一梯队以台积电为代表，专注 7nm 及以下先进制程；第二梯队以联电为代表，放弃 7nm 及以下先进制程的研发，实现工艺路线差异化转型；第三梯队长三角晶圆代工业则是迅速崛起（如表 3-2 所示）。

表 3-2　全球七大晶圆代工业的市场规模

排名	厂商名称	总部	2022 年第四季度营收	主要工艺技术
1	台积电（TSMC）	中国长三角、中国台湾	199.6 亿美元	7nm、5nm、4nm

续表

排名	厂商名称	总部	2022年第四季度营收	主要工艺技术
2	三星（Samsung）	韩国	53.9亿美元	7nm
3	联电（UMC）	美国	21.7亿美元	14nm、28nm、40nm/8英寸、12英寸晶圆
4	格芯（GlobalFoundries）	美国	21.0亿美元	14nm、28nm
5	中芯国际（SMIC）	中国长三角	16.2亿美元	12nm、14nm/8英寸、12英寸晶圆
6	华虹集团（Huahong Group）	中国长三角	8.8亿美元	28nm、40nm/8英寸、12英寸晶圆
7	力积电（PSMC）	中国台湾	12亿美元	8英寸与12英寸

3. 封装测试业发展现状

封装测试其实就是封装后测试，把已制造完成的半导体元件进行结构及电气功能的确认，以保证半导体元件符合系统需求的过程称为封装后测试。封装测试行业位于产业链的中下游，封装测试业是集成电路行业中发展最为成熟的细分行业，在世界上拥有较强的竞争力。随着全球集成电路行业进入新一轮的上升周期，封测行业也将受益。数据显示，全球封装测试行业市场规模由2016年的510亿美元增长至2020年的594亿美元，复合年均增长率达3.89%。2022年全球封装测试行业市场规模更是达到643亿美元（图3-4）。

封装技术近年来正处于巨大转型时期，能够满足复杂异构需求的3D封装、SiP系统级封装、扇出技术（Fan-out）、倒装芯片（Flip-Chip）等先进封装技术正以两倍的增长速度替代传统封装技术。

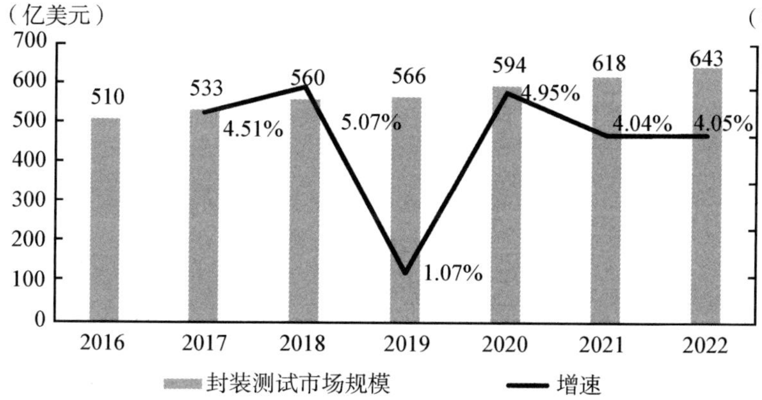

图 3-4　2016—2022 年封装测试市场规模

资料来源：中商情报网。

从上述分析可以看出，集成电路企业在制造技术发展方向上分化出两大趋势：一是延续摩尔定律。以台积电和三星的先进制程为代表，双方的竞争也引领着主流制造技术的发展，未来 10 年，芯片制造工艺将由 7nm 渐次向 5nm、3nm、1nm 推进，摩尔定律将继续延续。二是超越摩尔定律。该方向更为务实，不一味追求芯片高性能低功耗，而是将不同的芯片和元器件组装在一起封装，实现异构集成。这种方式具有降低设计难度、制造便捷快速和降低成本等优势，目前已得到广泛应用。以上两种方向的集成电路产品各占市场 50% 的份额。另外还有少许企业研发碳纳米管等非硅基产品，属于扩展摩尔定律，目前均处于研究早期阶段。

二　中国集成电路产业发展状况

集成电路产品的应用（如智能手机、无人机、计算机等）逐渐渗入日常生活的各个角落，从现阶段的情况来看，中国集成电路行业初具规模，具有一定的成熟度，在一些技术方面处于世界领先地位，例如生物光子芯片、数字光场芯片和基于 7 纳米性能规格芯片的人工智能板卡的研发与应用。集成电路行业分析表示，从整体上来看，中国的集成电路行业一直保持着比较稳定且向上的发展态势，其市场规模也在逐渐扩大，在营业收入规模和生产利润水平上，都表现出了持续增长的趋势。中国超大规模的集成电路市场，在国际环境诸多变化、中美之间科技博弈日趋激烈的背景下，如何将内需潜力转化为比较优势值得进一步探讨。随着信息技术的发展，未来十年将是集成电路产业进入高质量、高技术发展的快车道时期，梳理中国集成电路产业的发展现状，有利于确定发力方向，加大政策性金融资本的投入，推动大型企业兼并重组，促进产业链上下游整合实现跨越式发展。

（一）中国集成电路发展的规模现状

根据 Frost & Sullivan 统计，2020 年中国集成电路产业销售额为 8928 亿元，2016 年至 2020 年年均复合增速达 19.8%。中国集成电路产业虽起步较晚，但凭借巨大的市场需求、经济的稳定发展和有利的政策环境等众多优势条件，已成为全球集成电路行业增长的主要驱动力。尽管近年来全球集成电路市场有所波动，但随着国内消费电子、网络通信、移动互联网、汽车电子、工业控制、医疗电子等市场需求的持续提升，以及国家支持政策的不断提出，近年来中国集成电路产业销售额始终保持高速稳定增长。根据 Frost & Sullivan 数据，预计 2025 年中国集成电路产业销售额将达到 18932 亿元，2020 年至 2025 年年均复合增速达 16.2%（见图 3-5）。

目前，中国集成电路产业存在巨大的贸易缺口。根据海关总署数据，2021 年中国集成电路进口额同比增加 23.6%，达 4326 亿美元，创历史新高，集成电路进口额已占全国总进口额的 16%，是中国进口金额最高的商品，远超原油、农产品和铁矿石等商品的进口额；同时 2021 年中国集成电路出口额为 1538 亿美元，贸易逆差达 2788 亿美元。预计未来几年，中国集成电路进口额仍将维持高位。从集成电路进出口数量看，2022 年，中国集成电路进口数量总额

5384 亿块，同比下降 15. 3%；出口数量总额 2734 亿块，同比下降 12%；贸易逆差 2650 亿块，同比下降 18. 4%。近五年进口数量总额 25801 亿块，出口数量 12796 块，贸易逆差 13005 亿块。从金额看，2022 年中国集成电路进口总额 27663 亿元，较上年下降 0. 9%；出口总额 10254 亿元，较上年上涨 3. 5%（见图 3-6）。

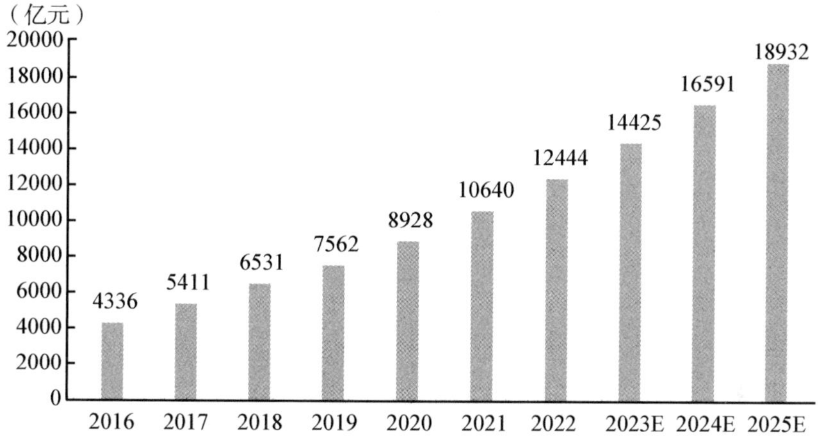

图 3-5　2016—2025 年中国集成电路产业销售额

资料来源：Frost & Sullivan 数据。

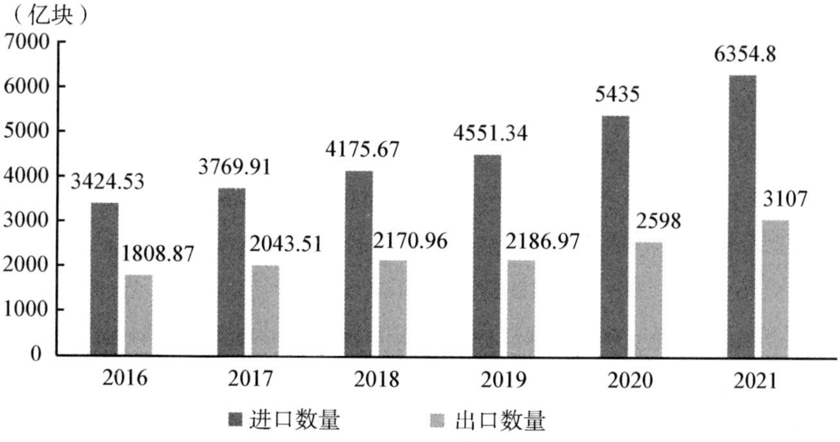

图 3-6　2016—2022 年中国集成电路行业进出口数量统计情况

资料来源：Frost & Sullivan 数据。

（二）中国集成电路发展的结构现状

中国集成电路总体发展迅速，发展结构也有所优化。截至 2022 年 11 月，根据中国半导体行业协会的官方数据，A 股上市公司中共有 173 家集成电路企业，遍布设计、制造、测试各产业环节。从产业各环节销售额占比来看，中国集成电路设计行业销售额占中国集成电路产业的比重稳步增加，由 2012 年的 29% 提升至 2021 年的 43%，行业发展增速明显（见图 3-7）。

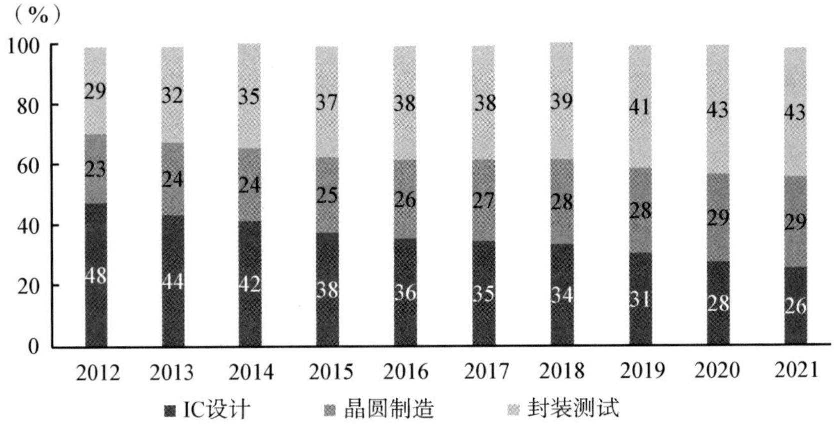

图 3-7　2012—2021 年中国集成电路产业各环节销售额占比

资料来源：Frost & Sullivan 数据。

从集成电路产业结构方面来看，2016—2020 年中国集成电路设计业、制造业、封装测试业都保持了良好的增长态势。2020 年，设计业销售额为 3778.4 亿元，同比增长 22.48%。上游设计业务的快速增长带动了整条产业链的生产线投产，推动了下游制造业产能的增长，2020 年制造业销售额为 2560.1 亿元，同比增长 19.12%。封装测试业虽增速放缓为 16.18%，低于集成电路产业平均增速，但销售额也达 2509.5 亿元。整体来看 2016—2020 年设计业在集成电路产业链中的比重快速增长从 2016 年的占比 37.93%达到了 2020 年的 42.70%。制造业随着各大晶圆厂生产线的陆续投产，产能逐步爬坡，销售额在产业链中的占比也从 2016 年的 25.99%提升到 2020 年 28.93%。封装测试业占则持续下降至 28.36%，中国集成电路产业链结构得到进一步优化（图 3-8）。

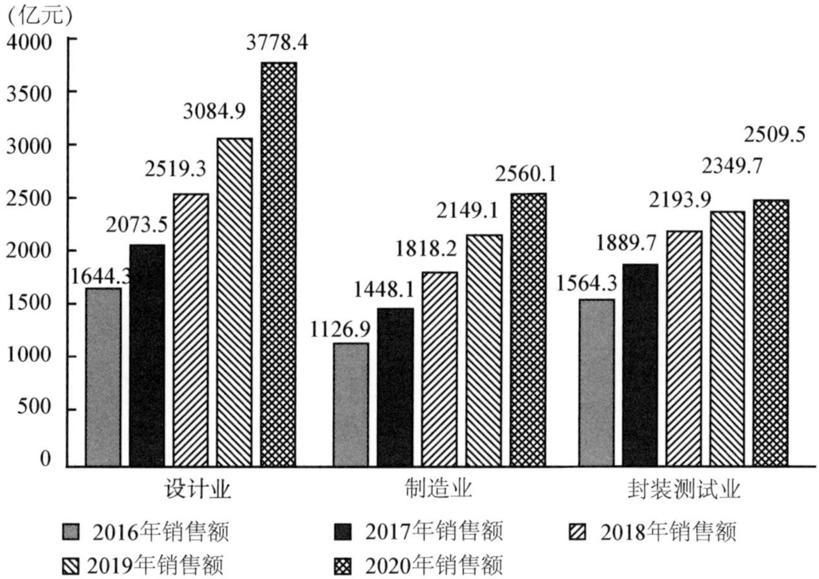

图 3-8 2016—2020 年中国集成电路产业结构及增长情况

资料来源：Frost & Sullivan 数据。

随着集成电路技术工艺要求不断提高，设备材料的重要性日益突出，近一两年对于设备材料业的投资普遍高涨，自主研发生产、销售和应用都快速推进，设备材料的国产自给率达到约 1/4。目前，除了一些难度极大的高端设备，如 EUV 光刻机和集成电路大型综合测试仪等，其他高端设备的研发和产业化都具备了一定的进口替代基础。

三 上海集成电路产业发展状况

上海一直是中国集成电路产业最为集中、产业链相对最完整、综合技术水平相对最高的产业基地之一。上海市聚集了超过 1200 家行业重点企业，集聚了中国40%的产业人才，汇聚了中国50%的行业创新资源，集成电路产业发展处于领先地位。2021年，上海市集成电路产业实现销售收入2578.85亿元，同比增长24.5%，其中，集成电路设计业销售规模达到1222.28亿元，同比增长28.10%。芯片制造业实现销售收入596.04亿元，比2020年增长27.58%。封测业的销售规模为470.70亿元，同比增加9.24%。设备材料制造业的销售规模为289.83亿元，同比增长32.28%。2022年，上海集成电路产业销售额已达3000亿元，在全国市场占比中超过25%。预计到2025年，上海市集成电路产业规模将达5000亿元（图3-9）。

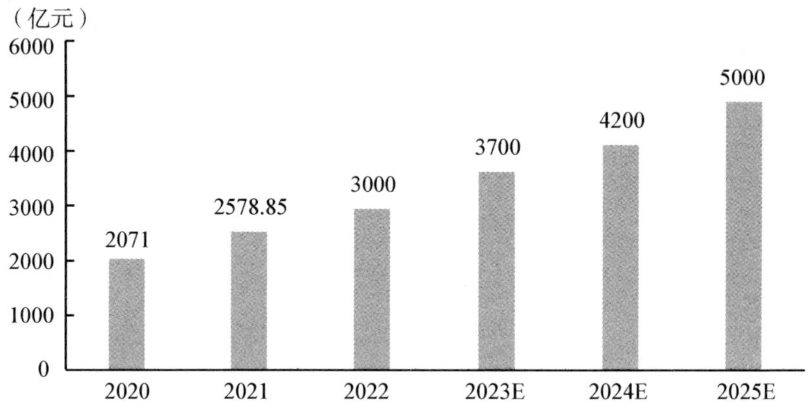

图3-9　2020—2022年上海集成电路产业规模

资料来源：上海集成电路行业协会。

上海集成电路在空间布局上呈现“一体两翼”的格局，即以张江为主体，以临港和嘉定为两翼的空间布局。在发展过程中，上海市着重提升张江国家集成电路产业基地能级，增强临港集成电路高端装备制造能力，培育嘉定集成电路新兴产业带，加快研究谋划在临港新片区或长三角示范区新建集成电路综合性产业基地。

表 3-3　　上海市集成电路分布

一体	浦东新区	金桥、张江、康桥、惠南、临港	芯片设计、芯片制造、封装测试、设备材料
一翼（南部）	松江区	松江区经济技术开发区	芯片制造、设备材料
	金山区	“碳谷绿湾”产业园、电子化学品专区	设备材料、电子化学品、新型显示
	奉贤区	工业综合开发区	材料
	青浦区	青浦工业园区	封装测试、材料
一翼（北部）	嘉定区	智能传感器产业园	芯片设计、芯片制造
	徐汇区	漕河泾新兴技术开发区	芯片设计
	普陀区	桃浦智创城	芯片设计
	宝山区	宝钢基地	装备材料

上海市集成电路空间布局不断优化。张江科学城汇聚 2.2 万家创新型企业，拥有外资研发中心 171 家，在集成电路设计、芯片制造、新药研发等领域均处于国内领先地位，“张江研发+上海制造”的协同发展格局逐步形成。临港新片区实现工业总产值超 1000 亿元，年均增幅达到 30%，加速建设“东方芯港”特色产业园。目前，金桥、康桥、惠南、临港已经基本形成芯片设计、芯片制造、封装测试、设备材料等完整的产业布局。

上海市集成电路产业在规模和空间拓展的过程中，集成电路企业数量也呈快速增长的态势。根据上海市集成电路行业协会的数据，上海市集成电路相关企业注册量由 2017 年的 724 家增加至 2021 年的 6513 家，复合年均增长率达 73.2%。2022 年，由于受新冠疫情和国际宏观经济影响，相关企业注册量下降至 5470 家，2023 年这一数据又迅速反弹，增长至 7480 家。上海市着力推动集成电路自主创新与规模发展，智能移动终端芯片、图像传感器（CIS）、无线传输及物联网芯片、信息安全及安防监控芯片、数字电视等关键芯片已进入产业化阶段，通用 CPU、高位 MCU、FPGA 等已完成产品布局和前期产品研发，汽车电子芯片从胎压、MCU 起步，已涉及智能计算、传感器等 13 大类，进入实质性启动阶段。AI 高端云芯片研发企业取得初步成果，小批 EDA 企业由点工具切入市场并取得初步成果。

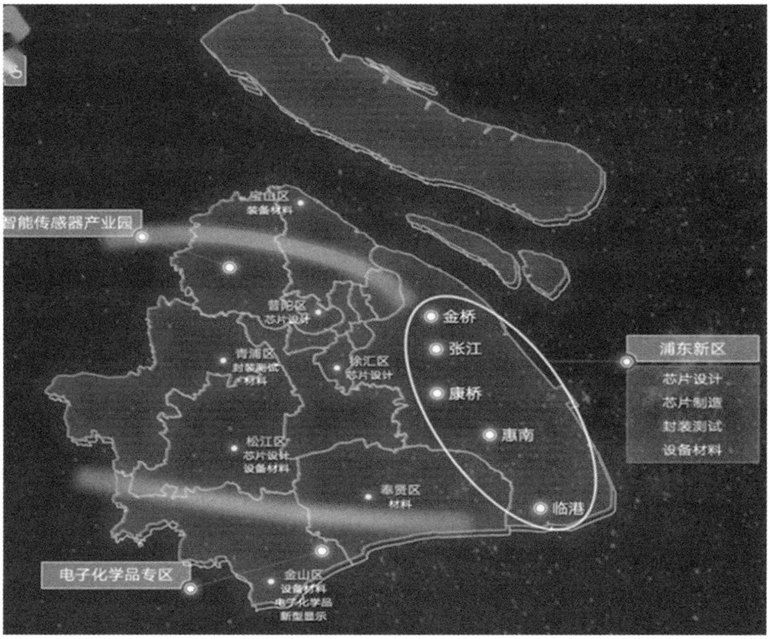

图 3-10　上海集成电路产业分布

资料来源：上海市产业地图官网。

上海晶圆制造发展速度较快，中芯国际销售收入 2021 年增速近 30%，华虹集团营收增速超 40%，并努力开发 FinFET 等相关衍生技术。封测领域上海大多是外资企业，拥有大批本土工程师，具备发展先进封测业的根基。

上海集成电路装备整体技术实力 2021 年又上新台阶。先进装备研究方面已触及 3nm 工艺，7—5nm 设备解决方案在研或已量产的产品种类日益丰富。上海材料企业有机会在“十四五”期间率先实现产业水平升级和产业化应用突破，包括大硅片、芯片铜互连电镀液及添加剂、清洗液、抛光液、光刻胶等。

第二节　人工智能产业发展现状

人工智能作为一门前沿交叉学科，研究、开发用于模拟、延伸和扩展人的智能的理论、方法、技术及应用系统的一门新的技术科学，将其视为计算机科学的一个分支，指出其研究包括机器人、语言识别、图像识别、自然语言处理和专家系统等。人工智能概念的提出始于1956年的美国达特茅斯会议。人工智能至今已经有60多年的发展历史，从诞生至今经历了三次发展浪潮。分别是1956—1970年、1980—1990年和2000年至今。根据国家发展改革委发布的《战略性新兴产业重点产品和服务指导目录》（2016版）来看，中国人工智能可分为三个下属行业，分别为人工智能软件开发、人工智能消费相关设备制造和人工智能系统服务。

一　全球人工智能产业发展状况

人工智能是引领新一轮科技革命和产业变革的技术，具有溢出带动性很强的“头雁”效应。[①] 目前，美国在人工智能生态系统中处于领先地位，欧洲整体位居第二，中国长三角地区排名第三。

美国是人工智能超级强国，得益于领先数字化企业的资源，尤其是谷歌、苹果、脸书与亚马逊等人工智能先入公司，以及一流的高校资源，拥有完善的人工智能应用程序开发与实施基础。近十年来入选国际人工智能学会会士的顶尖学者中，美国占比69%，全球顶尖企业家数量，美国占据50%以上。拥有“超一流”的技术供给，论文产出量排名全球第一，专利申请量排名全球第二。美国在人工智能领域基础层、技术层和应用层实力雄厚，并已实现全面领先，尤其在开源框架和智能芯片等基础领域

① 刘于民：《智能化战争伦理问题探析》，国防科技大学硕士学位论文，2019年。

对中国形成了强力压制。

欧洲的人工智能资源比较分散，聚集效应相对较弱。人才、资本与研究常常广泛分散在欧洲大陆。大多数拥有人工智能教学单位的大学距离巴黎、伦敦与柏林等人工智能的领先创新中心都比较远。英国领跑欧洲人工智能发展，综合实力位居全球前列。英国人工智能企业数量、融资量、顶尖人才数量、学术论文数量等关键指标均排名全球前三。“伦敦现象”优势凸显。伦敦已成为欧洲人工智能“首位城市”，深度得益于“伦敦—牛津—剑桥”黄金三角密集的学术资源和顶尖的学科集群，输出了源源不断的创新型企业。

全球人工智能产业的竞争早已开始，并且由于人们对人工智能期待极高，该领域竞争已较为激烈。欧美、日本等国家和地区已将发展人工智能提升为国家战略，争夺全球科技竞争的主导权，具体如表 3-4 所示。

表 3-4　　全球人工智能产业计划

国家	战略规划	战略愿景	战略目标任务
美国	《国家人工智能研究和发展战略计划》	维持美国在人工智能方面的领导地位，确保人工智能使美国人民受益并反映美国的国家价值观，加强人工智能研究投入	保持美国人工智能全球领先优势（全球科技创新中心，人工智能创新中心），实施八大战略目标任务：1. 长期投资人工智能研究；2. 开发有效的人机协作方法；3. 理解并解决人工智能的伦理、法律和社会影响；4. 确保人工智能系统安全可靠；5. 开发用于人工智能训练及测试的公共数据集和环境；6. 制定人工智能技术测量和评估标准和基准；7. 更好地了解国家人工智能的研发人力需求；8. 扩大公私合作以加速人工智能发展

续表

国家	战略规划	战略愿景	战略目标任务
欧盟	《欧盟人工智能》	确保欧洲人工智能研发的竞力，共同面对人工智能在社会、经济、伦理及法律等方面的机遇和挑战，促进欧洲国家团体发展	三大战略目标任务：1. 增强欧盟的技术与产业能力，推进 Al 应用；2. 为迎接社会经济变革做好准备；3. 确立合适的伦理和法律框架
英国	《产业战略：人工智能领域行动》	让英国成为世界上 Al 商业发展和部署最好的地方，让人工智能技术发展、繁荣，应用于社会各领域，造福所有人	引领全球人工智能发展，成为全球 Al 创新中心，实施五大战略任务：1 想法：打造世界最创新的经济：2. 人：为全民提供好工作和高收入；3. 基础设施：升级英国的基础设施：4. 商业环境：打造最佳的创业环境；5. 地区：建设遍布英国的繁荣社区
德国	《联邦政府人工智能战略》	德国应成为人工智能领域的领先国家、人工智能科研场，“德国制造的人工智能产品”应成为世界闻名的品质保证	三大战略目标任务：1. 争取德国和欧洲人工智能方面全球领先地位，保障德国未来竞争力；2 以人类共同福祉为导向，负责任地开发利用人工智能；3. 在积极政策框架下，广泛开展社会对话，推进人工智能伦理、法律、文化和制度方面与社会深度融合；制定基础研究、技术转化、创业、人才、标准法律法规以及国际合作等 12 个领域具体行动措施
日本	《综合创新战略》《人工智能技术战略》《日本下一代人工智能促进略》	以人工智能为核心，建设超智能社会 5.0，着力解决本国在养老、教育和商业领城的国家难题	以人工智能、大数据、物联网三个领域，“制造业”“健康医疗、护理”“交通运输”三个重点应用方向为核心，分三个阶段推动人工智能技术的产业化目标实现

全球各国政府及大型互联网企业都在积极布局人工智能解决方案，通过国家政策指引，配合企业积极的高投入研发，推动人工智

能产业健康发展。人工智能已发展形成包含纵向的大数据平台、开源算法、专用芯片、图像处理等核心技术网络和横向的智慧交通、智慧医疗、智慧安防、智慧家居等商业解决方案的完整生态。数据显示，2020 年，全球人工智能行业的市场规模约达到 15231 亿元，2021 年，全球人工智能行业的市场规模为 18865 亿元，2022 年增长至 23901 亿元（见图 3-11）。

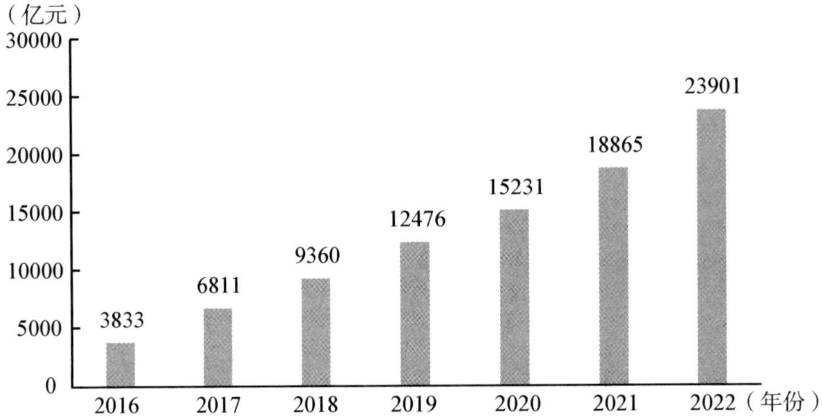

图 3-11　2016—2022 年全球人工智能产业市场规模

资料来源：https：//www. 163. com/dy/article/HT4O9ORS051481OF. html。

二　中国人工智能产业发展状况

（一）中国人工智能产业的规模

中国重视引导人工智能健康发展，提供了较为全面的政策支持和鼓励。在互联网、大数据和云计算等高新技术产业的发展浪潮下，各区域产业结构转型升级过程中出现的智能化需求，体现了中国工智能产业虽“起步晚，但应用环境较好”的局面。中国人工智能产业在利好政策频出的背景下，加速满足各区域产业结构转型升级过程中出现的智能化需求，成为创新产业集聚的关键驱动力。中国人工智能市场规模逐步扩大，2016 年，人工智能产业的市场规模仅为

330 亿元，2022 年，增长到 3705 亿元，增长了约 10.2 倍（见图 3-12）。

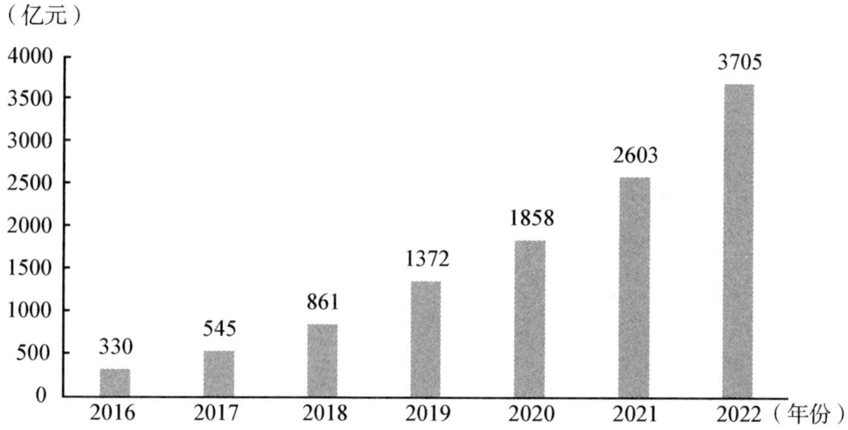

图 3-12　2016—2022 年中国人工智能产业市场规模

资料来源：https：//www.163.com/dy/article/HT4O9ORS051481OF.html。

人工智能市场规模从技术类型角度测算，根据 IDC 的测算数据，2021 年中国人工智能市场规模按照技术类型划分为以下几个部分：首先 AI 软件平台市场规模为 28.8 亿元，同比增长 42.9%；AI 应用市场规模为 130.5 亿元，同比增长 40.6%；AI 系统服务市场规模为 32.9 亿元，同比增长 38.4%；AI 硬件市场规模为 85.6 亿元，同比增长 47.3%。其中，AI 应用市场占比最高，达到 48.5%，其次是 AI 硬件市场，占比 31.8%。人工智能市场规模从应用领域角度测算，根据中国电子学会的测算数据，2021 年中国人工智能市场规模按照应用领域划分为以下几个部分：安防市场规模为 370 亿元，同比增长 35%；医疗市场规模为 160 亿元，同比增长 40%；教育市场规模为 120 亿元，同比增长 45%；金融市场规模为 100 亿元，同比增长 30%；制造市场规模为 80 亿元，同比增长 25%；交通市场规模为 70 亿元，同比增长 20%；其他市场规模为 300 亿元，同比增长 40%。其中，安防市场占比最高，达到 28.5%，其次是医疗市场，占比

12.3%。尽管从不同的角度测算出的人工智能产业市场规模大小有所区别，但整体上人工智能产业呈现快速发展趋势。

（二）中国人工智能产业的融资现状

人工智能行业作为战略新兴产业之一，在资本市场上也受到了广泛关注。2021 年中国人工智能行业共发生了 1068 起投融资事件，涉及金额达到了 1529 亿元，同比增长了 23.6%。其中，天使轮和 Pre-A 轮占比最高，分别为 30.4%和 25.2%，说明人工智能行业仍然有大量的创业项目在孵化和成长阶段。A 轮和 B 轮占比分别为 18.7%和 11.4%，说明人工智能行业已经有一批项目进入了成熟和扩张阶段。C 轮及以上占比为 14.3%，说明人工智能行业已经有一些领军企业在寻求上市或并购。

从投融资金额来看，C 轮及以上的投融资事件占比最高，达到了 67.9%，说明资本市场对于人工智能行业的前景有着高度的信心和期待。A 轮和 B 轮的投融资金额占比分别为 13.8%和 10.5%，说明资本市场对于人工智能行业的中坚力量也有着较高的认可和支持。天使轮和 Pre-A 轮的投融资金额占比分别为 4.1%和 3.7%，说明资本市场对于人工智能行业的新生力量也有着一定的关注和投入。

（三）中国人工智能产业的空间分布

2021 年，在中国京津冀、长三角、珠三角以及川渝这四大经济圈中，人工智能科技产业区域竞争力的评分均位于全国前茅，其中长三角地区以 101.9 分的高分位居榜首，企业数量高达 672 家，占比 30.5%，从侧面也体现了长三角地区产业结构日趋完美，这说明人工智能的发展会与地区产业结构形成正反馈。京津冀人工智能科技企业数量为 656 家，仅次于长三角地区，占比达到 29.8%，评分 100.5，也超过了一百分。其次是珠三角地区，它的评分为 65.5 分，拥有 596 个人工智能科技企业，占比 27.0%。川渝地区是四大经济圈中排名末尾的，但总体也向着十分良好的方向发展，企业数量目前为 76 家，占比 3.5%，得分 24.7（见图 3-13）。从四大经济圈整体发展从动态角度来看，人工智能和实体经济融合的脚步逐渐加快，并且出现“南移”现象，这是区域竞争力强弱变化的重要因素。因此，为使其他地区的人工智能发展能够紧跟优秀地区的步伐，可以积极补全本地区与人工智能相关行业的产业链条，建立示范性代表区域，方便其他地区学习借鉴等。

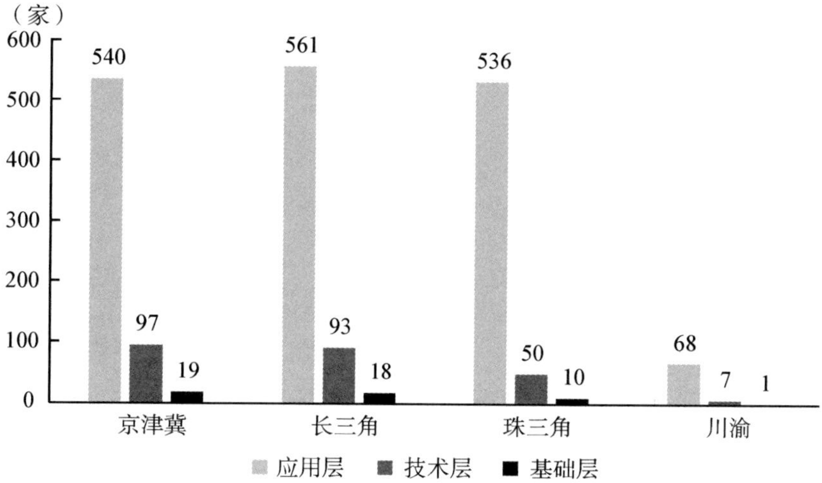

图 3-13　四大经济圈人工智能企业层次数量分布

资料来源：中国新一代人工智能发展战略研究院。

三　上海人工智能产业发展状况

上海市产业门类齐全，在制造业、生产性服务业都拥有良好的产业基础资源。因此上海市整体人工智能产业链较为齐全，配套体系完善，目前已经形成较为成熟的产业技术和商业模式，在无人驾驶、智能机器人等领域达到全国领先水平。

上海人工智能产业总体呈现“人字形”分布，形成了“东西互动、多点联动”的空间格局，从目前主要建设的几个人工智能应用示范区看，包括上海（浦东）人工智能创新应用先导区、长三角（上海）自由贸易试验区临港新片区、徐汇人工智能新高地建设

“T 计划”与上海马桥人工智能创新试验区等。

（一）上海（浦东）人工智能创新应用先导区

人工智能创新应用先导区将通过发挥浦东新区在改革创新、产业基础、应用场景和科创资源方面的优势，着力打造一批核心产业集群，推动一批标杆应用示范，探索一批制度创新和行业标准。

上海将以先导区建设作为新的起点，通过在医疗、制造、无人驾驶、金融四大领域开展人工智能+创新应用与标杆项目建设，努力将浦东新区建成具有国际竞争力的人工智能核心产业集聚区、全国人工智能创新技术和产品应用示范区，以及人工智能行业标准和制度规范先行先试区，形成辐射长三角乃至全国的“智能+”应用新高地。

（二）长三角（上海）自由贸易试验区临港新片区

临港地区积极推动人工智能产业发展，并将其列为临港地区“2+3+4”产业体系中的两大先导产业之一予以重点扶持。支持人工智能技术与集成电路、生物医药、航空航天、高端装备制造及新兴产业等领域的深度融合，支持人工智能产业推动智能网联汽车、智能制造、智能机器人等新产业新业态发展。

依托临港其雄厚的智能制造、工业互联网建设等产业基础，临港目前已集聚了以中科院—脑智工程、科大讯飞、地平线、树根互联、寒武纪、百度创新中心等一批人工智能技术研发平台和标志性企业。

（三）徐汇区人工智能新高地建设“T 计划”

根据“T 计划”规划内容，将围绕如下四点开展：一是制度供给，通过制度供给使徐汇成为最适宜人工智能发展的制度供给试验田，为上海发展人工智能提供制度示范；二是空间规划，统筹谋划全区载体资源，发挥“漕开发”品牌效应，推进徐汇滨江人工智能融合发展的“一号工程”；三是人才集聚，实施人工智能高层次人才支持计划，大力引进人工智能领域顶尖科学家、科技领军人才和高水平创新团队；四是应用示范，聚焦“AI+教育”“AI+健康”“AI+养老”“AI+政务”等垂直领域，开放一批应用场景，鼓励更多人工智能的最新成果、最新技术在徐汇率先“试水”，形成示范案例。

同时，徐汇区大力推进“一港一谷一城”核心项目，即西岸传媒港、西岸智慧谷和西岸金融城，构建人工智能、文化创意、科技金融“三足鼎立”的产业结构。

（四）闵行区马桥人工智能创新试验区

试验区分为应用实践区和产业发展区两部分。

应用实践区将围绕城市管理、社会治理、民生服务等需求，搭建丰富的人工智能应用体验场景，成为人工智能技术研发、成果转化、人才聚集、学术交流、展示推广等为一体的创新集聚区。

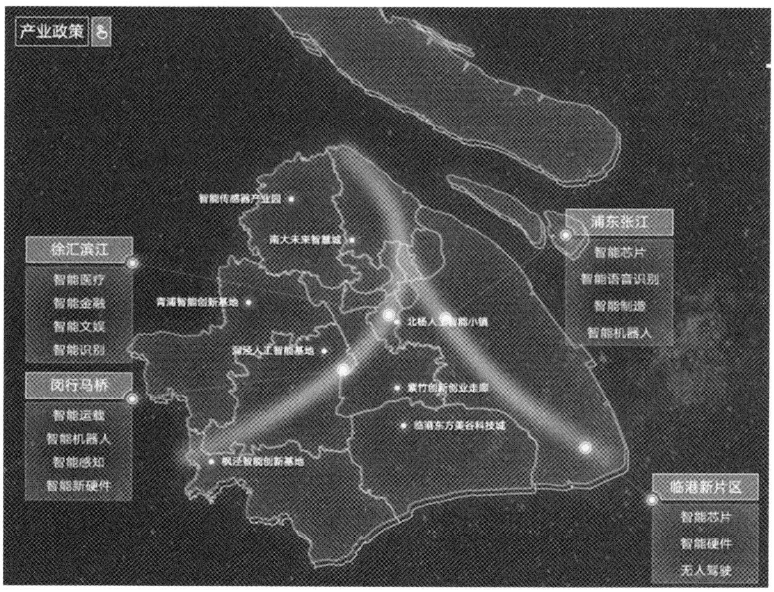

图 3-14 2022 年上海人工智能产业分布

资料来源：上海市产业地图官网。

产业发展区将通过高标准项目准入和存量资源转型，孵化人工智能创新技术、承载人工智能科技成果，重点发展智能硬件、智能软件、智能机器人、智能传感器和智能芯片等领域，赋能实体经济发展和制造业转型升级，孕育若干人工智能领域独角兽企业，与紫竹、吴泾等地东西联动，构建创新资源汇聚地和新兴增长极，形成新一代人工智能产业示范区。

第三节　生物医药产业发展现状

一　全球生物医药产业发展状况

生物医药行业作为中国战略性新兴产业之一，既是生物技术最重要的应用方向，又是现代医药行业转型升级的关键所在。从全球生物医药企业发展情况来看，生物医药产业发展的集中度逐年上升，跨国企业的垄断程度不断加大。全球制药市场的规模由 2015 年的约 11050 亿美元增加至 2019 年的 13245 亿美元，2022 年又达到 147447 亿美元（见图 3-15）。2025 年预期生物医药市场规模达 5445 亿美元，期间复合增长率达到 10.9%，在抗体药、丙肝药等生物创新药方面迅猛发展，相对整体医药市场增速继续维持快速增长。

当前，全球生物医药产业区域集聚态势明显，美国、欧洲、日本等发达国家和地区占据主导地位，但凭借劳动力成本优势和固有成本优势，全球医药消费市场增长重心已经开始向新兴国家转移。未来 3—5 年生物医药产业格局面临变革，随着东南亚、东亚和拉美等区域新兴国家的药品专利制度逐步完善，中国长三角等亚洲地区国家的医药产业将成为全球医药行业的主要驱动力量（如表 3-5 所示）。

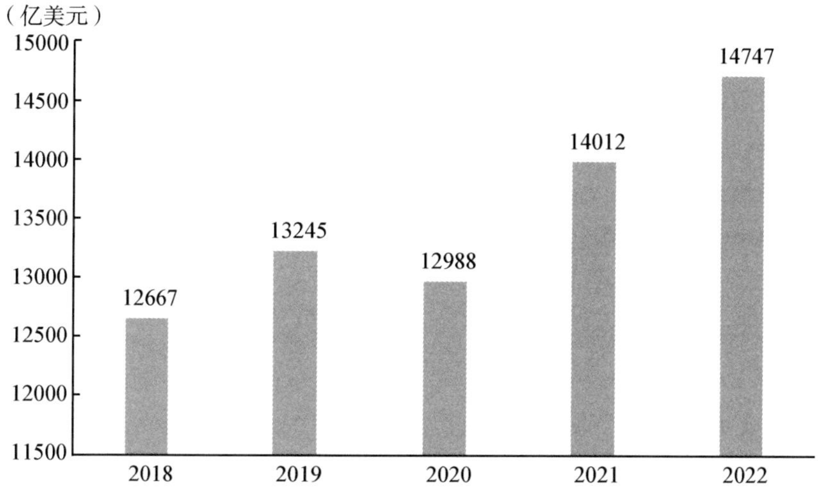

图 3-15 2018—2022 年全球生物医药产业市场规模

资料来源：2023 年生物医药产业发展报告。

表 3-5 全球生物医药产业区域集聚态势

国家	发展现状
美国	全球生物医药产业领导者，形成波士顿地区、罗利—达勒姆、旧金山湾区、圣迭戈、纽约、洛杉矶/奥兰治、费城、长岛、明尼苏达州双城区、西雅图等生物医药产业集聚区
英国	生物技术与制药领域的竞争力仅次于美国，拥有世界级水平的科研机构，包括医学院校、医院和非营利机构
日本	生物科技强国之一，以药品与诊断试剂为代表的“健康与医疗”领域约占日本一半的市场份额，预计 2030 年日本生物科技产业将达到 15 亿日元
以色列	医疗器械与设备、生物技术与医药、医疗信息服务等领域创新水平全球领先
瑞士	作为欧洲最强大、最具影响力的生物技术基地，主要集中在日内瓦、巴塞尔、苏黎世和提契诺州四个生物科技产业集聚区
中国	亚洲生物医药行业的领导者，生物制药、高端医疗器械、化药、中药、互联网医疗等领域作为重点发展领域
印度	仿制药全球领先，享有“世界药房”称号

目前，全球生物医药产业发展有以下几个趋势和特点。一是新兴市场国家的医药市场需求持续超过同期全球增长水平，生物医药领域在现有治疗领域和医药公司的比重正在显著增加，占有越来越重要的位置，生物医药产业已经成为新的经济增长点。二是作为提高本国竞争力的重要手段，许多国家都加大对生物医药产业的政策扶持与资金投入，促进工业界、大学和科研机构加大对生物技术开发研究的投资。三是创新药研发采取低成本、专业化和高效率的“委托研究机构”（CRO）模式，极大地促进了生物技术向产业化转化，虽然临床阶段的新药数量和成功率没有显著变化，但抗癌药物的研发仍保持上升趋势，持续性地促进生物医药产业的良性循环发展。

生物医药的产业链主要由生物医药原料生产加工、医药研发与制造、医药流通与应用组成。具体来看，其中产业上游主要由生物医药原材料生产，包括原料药、药用辅料以及医用包材等生物医药原材料的生产与加工；中游主要是由医药研发（包括基因工程、细胞工程、蛋白质工程发酵工程等）以及生物医药的制造组成；下游主要是医药流通、医疗检测设备，最后应用于患者/消费者（如图 3-16所示）。①

二　中国生物医药产业发展情况

中国生物医药行业正在迅速发展。近年来，政府投入了大量资金和人力来支持该行业的发展，并采取了一系列政策措施来鼓励研发和创新。同时，随着中国经济的发展和人民生活水平的提高，国内市场对医疗保健产品和服务的需求也在增加。在药品研发方面，中国的生物医药企业正在加快与国际先进企业的合作，并在药物研

① 中商产业研究院：《2020 年生物医药产业链投资深度剖析》，2020 年 6 月 16 日，https：//www. tamigos. com/news/28768。

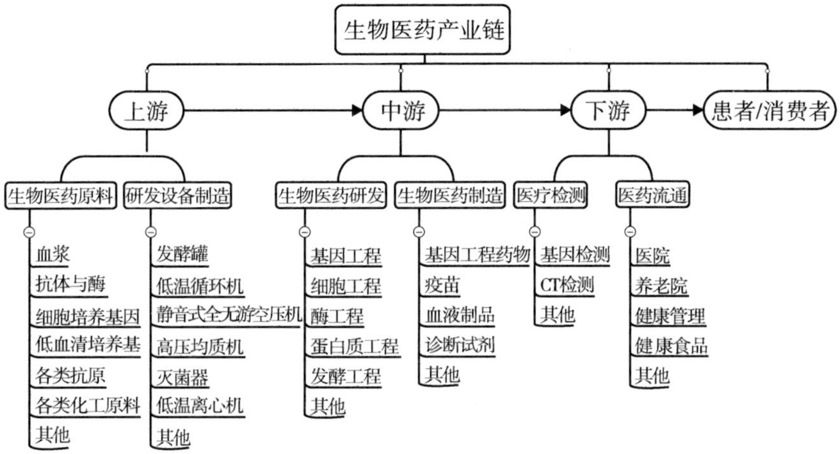

图 3-16　生物医药的产业链

发和临床试验方面取得了显著进展。目前，中国已经成为全球第三大药品研发和生产国，并在某些领域（如癌症治疗和生物制药等）处于国际领先地位。在医疗器械方面，中国生物医药企业正在加快与国际先进企业的合作，并在医疗器械研发和生产方面取得了显著进展。

（一）中国生物医药产业整体规模

随着人们生活水平的不断提高和对自身健康关注度的不断提升，以及生物医药新技术的成熟，中国生物市场规模一直保持快速增长。因此，生物医药产业也被看成朝阳产业，预计未来行业规模将会越来越大。2021 年，中国医药工业实现营业收入 33707.5 亿元，累计同比增长 18.7%，较上年同期提升 11.4 个百分点，增速创 5 年来新高。实现利润总额 7087.5 亿元，累计同比增长 67.3%。2022 年，面对复杂多变的国际环境和疫情等因素冲击，医药工业在国家有关部门指导下，持续彰显发展韧性，为疫情防控和经济社会发展提供了有力保障。整体来看，相关经济指标相较 2021 年的高速增长有所回落。根据国家统计局数据，2022 年规模以上医药工业增加值同比下降 1.5%；医药工业规模以上企业实现营业收入 33633.7 亿元，同比增长 0.5%；实现利润 5153.6 亿元，同比下降 26.3%。以上 3 项增速指标分别低于全国工业整体增速 5.1、5.4 和 22.3 个百分点。

（二）中国生物医药产业空间布局

中国生物医药市场具有强劲的增长潜力，在过去的几年中以数倍于全球生物医药市场增速的增长率快速增长，在经济水平较高、研发创新能力较强、投融资环境较好的北京、上海和珠三角地区，众多生物医药企业聚集形成了产业园区。随着“健康中国 2030”的实施，生物医药市场规模将进一步扩大，内地省会城市以及东北地区生物医药产业也先后步入了成长期，中国生物医药产业形成了以北京、上海为核心，以珠三角、东北地区为重点，中西部地区点状发展的空间格局。

区域发展各具特色产业集群优势明显。各地高度重视医药产业发展，都将生物医药列为本地区的发展重点，出台政策措施支持产业做优做强。据国家统计局数据，2022 年，全国约有 2/3 的省份医药工业规模以上企业营业收入同比增长超过全国平均水平，13 个省份医药工业规模以上企业营业收入超过 1000 亿元，其中排名前五的省份分别是江苏、山东、广东、浙江、河南。东部省份利用资金、技术、人才和信息优势，继续发挥引领作用，营业收入合计占全国比重接近 60%。中西部省份医药工业发展迅速，中部的河南、湖北、湖南、江西、安徽和西部的四川、重庆七省市医药工业营业收入合计占比接近全国的 30%。中国医药工业已基本形成以京津冀、长三角、粤港澳大湾区、成渝经济圈等为核心的产业集群，集群资源互补，产业链深度融合，区域协同发展不断向纵深推进。

（三）中国生物医药产业创新成果突出

据国家统计局数据，2022 年，医药工业规模以上企业实现出口交货值 4037.8 亿元。在产品结构方面，西药、医疗器械出口额占比较高，分别为 49.6%和 45.6%。西药原料、制剂出口额创历史新高，其中原料药出口额 517. 9 亿美元，同比增长 24%；制剂出口额 66. 1 亿美元，同比增长 10%。在市场结构方面，欧盟、美国、东盟是中国医药健康产品前三大出口市场，出口金额分别为 289. 5 亿美元、213. 3 亿美元、136. 8 亿美元，合计占比 49. 4%。医药跨境交易活跃，据公开资料统计，2022 年中国医药企业跨境交易项目以创新药、技术平台为主，License-in 项目约 80 个，交易总金额约 57 亿美元；License-out 项目数量约 47 个，交易总金额约 270 亿美元。多家国内企业自境外引进的创新药获批上市，如基石药业引进的艾伏尼布片，豪森药业引进的伊奈利珠单抗注射液，石药集团引进的度维利塞胶囊等，丰富了企业的产品组合。创新药授权出海成果显著，创新能力逐步得到海外认可。科伦药业与默沙东的 95 亿美元交易高居 2022 年全球医药行业合作授权交易榜首，康方生物与 Summit 的交易创出首付款历史新高。

未来，在生物技术的迅猛发展、研发投入增加、医药支付能力提高以及药物本身的安全性能要求增大等因素的影响下，中国将逐步摆脱中高端制药设备的进口依赖，形成良好的产业化运转机制，采取一系列的支持措施助力生物医药市场的进一步发展。

三　上海生物医药产业发展情况

生物医药产业是上海战略性新兴产业的重要支柱，是上海强化高端产业引领功能和科技创新策源功能的重要抓手，也是中共中央赋予上海“打造世界级产业集群”重要使命的三大先导产业之一。为打造产业高地，上海要全面提高人才自主培养质量，不断培育集聚一批产业领域战略科学家、一流科技领军人才和创新团队、青年科技人才、卓越工程师、大国工匠、高技能人才。

上海作为长三角参与生物医药产业国际竞争的核心城市，生物医药产业体系完善、研发能力强、临床资源丰富、产业国际化特征明显，先后出台《上海市促进生物医药产业健康发展的实施意见》、

《关于促进上海市生物医药产业高质量发展的若干意见》、《上海市加快生物医药智造空间建设行动计划》等相关政策措施，将发挥高端产业的引领功能。上海“以张江为核心，以金山、奉贤、徐汇等园区为重点”，推动张江与金山、奉贤等园区错位互补、联动发展，形成了“聚焦张江、一核多点”生物医药产业空间格局，构建“1+5+X”生物医药产业空间布局。上海生物医药园区着力形成生物药、创新化药、高端医疗器械等共同发展的产业格局，同时在聚集高端生物制造业方面持续发力，合成生物、基因治疗、医疗机器人等成为产业聚集发展的特色行业，聚集了一批行业龙头企业。

表 3-6　　上海市生物医药“1+5+X”空间布局

<table>
<tr><td>1</td><td>张江生物医药创新引领核心区</td><td>创新药物、高端医疗器械和生物技术服务等研发转化制造产业链</td></tr>
<tr><td rowspan="5">5</td><td>临港新片区精准医疗先行示范区</td><td>生物制药、高端数字化医疗器械、健康服务等</td></tr>
<tr><td>东方美谷生命健康融合发展区</td><td>疫苗、现代中药、医美产品等</td></tr>
<tr><td>金海岸现代制药绿色承载区</td><td>高附加值原料药、新型制剂、抗体药物、免疫治疗、细胞治疗等</td></tr>
<tr><td>北上海生物医药高端制造集聚区</td><td>高端医药制造、高端医疗器械装备生产、现代医药物流等</td></tr>
<tr><td>南虹桥智慧医疗创新试验区</td><td>智慧医疗高端产品、国际医疗高端服务和医药流通枢纽等</td></tr>
<tr><td>X</td><td colspan="2">徐汇枫林湾临床研究区、环同济大学医学院生命健康总部基地、嘉定医学影像与精准医疗集聚地、青浦生命科学园、G60 生物医药基地、化工区生物材料制造</td></tr>
</table>

“十三五”时期，上海生物医药产业创新成果不断涌现，在合成生物学、干细胞与再生医学、脑科学与神经科学领域等多个领域取得重大突破，建有 17 个国家级重点实验室，首次上市 1 类新药共 14 个。龙头和骨干企业快速成长，规模以上的医药工业企业总数从 284 家增加到 409 家，其中营业收入 1 亿元以上企业从 150 家增加到 228

家，35 家企业上市位于全国前列。2021 年，上海加快打造生物医药创新策源高地、高端制造高地、人才汇聚高地、政策配套高地。全年上海生物医药产业规模预计超过 7000 亿元，产业规模连续迈上又一个新台阶，其中制造业产值 1712 亿元，同比增长 12%。

《上海市生物医药产业发展“十四五”规划》，明确上海将瞄准生物医药产业“高端化、智能化、国际化”发展方向，深入实施“张江研发+上海制造”行动，加快打造具有全球影响力的生物医药产业创新高地和世界级生物医药产业集群。

04

第四章

低碳约束下的长三角产业创新

在2020年新冠疫情席卷全球后，人类的经济社会活动被迫减少乃至暂停，据统计2020年全球与能源有关的CO_2排放量下降了5.8%，而此时的自然界经过短期的休整也迎来新的生机，正所谓“天不言而四时行，地不语而百物生”，低碳发展下万物都得到了休养生息，大自然用最生动的案例向人类展示了低碳发展的意义。绿色低碳产业通常指那些在生产和运营过程中减少环境污染和温室气体排放、促进可持续发展的产业。其内涵包括但不限于以下几个方面：一是通过技术节能降耗——推广高效节能技术，减少资源消耗，如提高电子产品、建筑和交通工具等的能源效率，从而减少对不可再生资源的依赖；二是推进可再生能源的利用——加快清洁燃料替代传统化石能源，如氢能、光伏、风电、太阳能、水利、地热等可再生能源的开发利用；三是循环经济模式——建立循环经济体系，在资源有限时实现物尽其用，并给予废弃物二次使用或者更好地回收处理，这其中也包括了可回收材料的制造；四是可持续农业和林业——包括有机耕作系统、森林管理计划以及其他可以远离秸秆焚烧/开垦土地且确保长期快速树木生长的方法；五是绿色智慧城市建设，打造低碳城市和可持续交通——引进数字科技平台改善城镇交通系统、饮水卫生保障、垃圾处理等城市基础设施与社会治理的质量，这包括通过改善公共交通系统、提高自行车骑乘率以及减少汽车排放来降低城市内部二氧化碳排放量；六是碳捕获及存储（CCS）技术——通过改变各种过程中二氧化碳的关系以实现废弃品处理或进一步加工，将生物质燃烧或转化过程中以及大气中产生的二氧化碳加以捕获，储存之后应用到相关领域；七是绿色金融——支持绿地发展与现代制能业并考虑在环境因素中进行投资。

第一节　低碳发展的“紧箍咒”

可以说，2020 年全球碳排放的主体仍以化石能源消耗为主（如图 4-1所示），为应对高能高碳发展的低碳行动是一场全世界共同参与的节能运动，随着全球气候变化和经济发展对环保产品和技术的需求不断提高，绿色低碳产业逐渐成为全球发展的一个重要趋势，它既可以保护环境、减少污染，又能促进经济增长和就业。“欧洲绿色协议”意图构建绿色发展的规则、德国的“弃核、弃煤”行动在于推动能源结构转型、日本通过技术提升力求掌控清洁技术产业链。因此，全球的能源利用效率和产业结构转型都在紧急转变中，立足于以低碳引领的技术和产业链深化也成为中国抓住全球产业链重构机遇的重要发展之机。

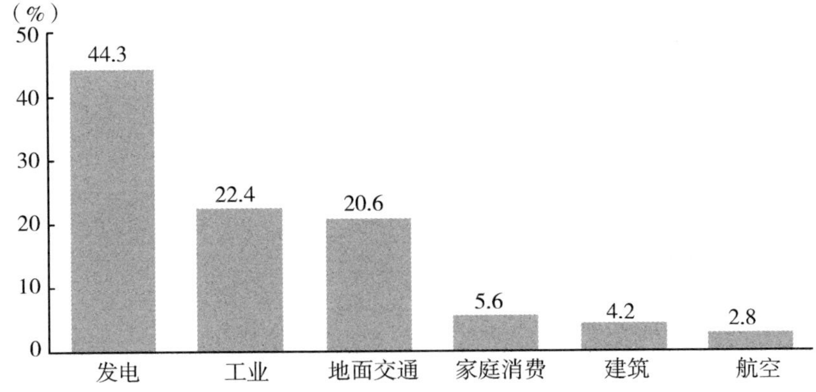

图 4-1　各经济行业在全球碳排放中的占比（2020 年）

资料来源：Statista 2021。

目前全球的绿色低碳产业主要沿以下五个方向发展。

一是可再生能源。可再生能源行业在全球范围内得到迅速发展，特别是太阳能、风能、水力等清洁能源替代传统化石燃料的趋势正在成为主流并在全球大多数国家得到广泛应用。此外，欧洲已经宣布实施“氢战略”，以作为加速清洁转型计划中的标志性举措。近年来，中国大力推进氢能产业的发展，并开始研订氢能与燃料电池标准。

二是新能源汽车。电动汽车市场正在快速增长，多数国家采用立法推广公共交通工具也开始使用更多零排放技术。同时，氢能汽车的研发与推广进程也在加速。

三是建筑节能，也成为可持续建筑。全球许多国家鼓励按照绿色环保能源设计标准建造新楼或者改建旧楼，从而更高效地利用资源，提高空调智慧化管理水平。由于采用了节约资源和使用可再生材料等措施，建筑项目更具效益。

四是能源存储。随着可再生设备装机量变大等原因，当前的基础设施过度承载，乃至无法有效向外输入贡献产出。因而，能源存储的技术改革就变得迫切。

五是碳税。目前，许多国家正在考虑对二氧化碳排放征收碳税，这将推动企业采取低碳经营方式。

在一系列政策导向下，中国的绿色低碳产业主要在燃料替代、节能减排和智慧城市建设等领域发力。上海是中国绿色低碳发展的先行者和探索者，已经在推动可再生能源、清洁交通和节能建筑等领域取得显著进展。在政府调整产业结构指导和社会日益注重可持续发展的倡议下，未来上海将会进一步鼓励环保科技成果转化产业发展，并进一步完善相关基础设施建设。

一　怎样理解“低碳”

早在2007年，为应对气候变化危机，“节能减排”已经成为“十一五”规划的重点任务之一，可再生能源的开发与利用成为发展的主旋律，经济增长建立在节约能源和提高效能之上；2010年国家发改委开展低碳城市试点，将低碳作为软指标纳入提升城市竞争力的考核范畴；2020年“碳达峰”与“碳中和”融入中国经济社会发展的脉络中，从源头上控制能源消耗已成为碳排放控制的重要环节，一场低碳约束下的新竞争已经拉开序幕；《国务院关于加快建立健全绿色低碳循环发展经济体系的指导意见》（国发〔2021〕4号）对生产、生活、创新等体系建立提出进一步的要求，低碳绿色发展迈向新的阶段；2023年7月17日至18日，习近平总书记在全国生态环保大会上的讲话再次申明“要积极稳妥推进碳达峰碳中和，坚持全国统筹，节约优先、双轮驱动、内外畅通、防范风险的原则，落实好碳达峰碳中和‘1+N’政策体系，构建清洁低碳安全高效的能源体系，加快构建新型电力系统，提升国家油气安全保障能力。”低碳已经不仅仅是一个环保问题，而是在我国一贯践行的可持续发展理念下，对我国经济高质量发展、能源高效利用、产业优化转型等理念的深入和拓展，同时，全新的碳金融市场和以新能源为核心的全球货币体系也将开启全球绿色低碳经济发展的新纪元。

二　低碳发展要实现的目标

“低碳”最核心的理念就是减少温室气体排放量，而温室气体排放的最高贡献者就是高碳能源消耗，因此，改变能源结构才能从根源上解决碳排放过高的问题。在可持续发展理念的指导下，低能耗、低排放、低污染的低碳经济模式成为我国经济社会发展的必由之路，通过国家一系列低碳政策的引领，新能源的开发与利用、技术创新和产业升级也成为改变碳基能源的重要方式。尤其是在“碳达峰”与“碳中和”理念的影响下，国务院制定了《关于加快建立健全绿色低碳循环发展经济体系的指导意见》，逐步推动低碳发展的生产体系、流通体系、消费体系建立。文件中指明“全方位全过程推行绿色规划、绿色设计、绿色投资、绿色建设、绿色生产、绿色流通、绿色生活、绿色消费，使发展建立在高效利用资源、严格保护生态环境、有效控制温室气体排放的基础上，统筹推进高质量发展和高水平保护，建立健全绿色低碳循环发展的经济体系，确保实现碳达峰、碳中和目标，推动我国绿色发展迈上新台阶。”① 因此，低碳发展就是通过经济结构调整降低高能耗资源的消耗，不断减少温室气体排放，逐步构建零污染物排放的无碳能源体系，实现经济社会的可持续发展。

上海通过顶层设计加强经济与环境的平衡，使节约资源常态化，追求天然与科技相结合阻止生态环境恶化。上海在绿色低碳产业的顶层设计主要体现在以下几个方面。

一是发展清洁能源技术：上海通过加大对可再生能源领域投入，积极推进风电、太阳能等清洁能源项目建设，并支持新的低碳技术和创新。同时，通过建立农村集中供暖和城乡一体化工程，鼓励采用地源热泵及其他节约能耗房屋相关产品。二是实施节水措施——随着城市发展速度不断提高以及自然资源越来越紧缺，全社会都需要在环保与经济效益之间寻求平衡点。为此，上海市政府实行长期性的节水管理计划，鼓励使用微滴灌、射流喷头等先进节水技术降低消费并规范使用单位标准来达到优化利用本土淡水资源走向循环经济模式。三是推动“生态+旅游”融合发展——上海市将旅游开发与生态修复相结合，制定统筹规划，使得原有被忽视多年的资金价值较大的景区再次受到关注，同时更新了游客的体验感。四是打造智慧和可持续交通——上海市政府努力创建完整、有效的绿色健康出行系统，致力于打造公共自行车专用道网络。此外还充分利用城市内部轨道运输优势，并开展新能源汽车大规模推广服务及云端智能配备模式等逐步实现零排放长效管理目标。五是促进绿色金融的建设——鼓励投向支持环保产业和清洁技术生产领域发起绿色债券市场。

---

① 《国务院关于加快建立健全绿色低碳循环发展经济体系的指导意见》（国发〔2021〕4号），中国政府网，https://www.gov.cn/zhengce/content/2021-02/22/content_5588274.htm，2021年2月22日。

上海市是我国经济最发达的城市之一，也是全国绿色低碳产业布局较为先进的地区之一。目前，上海在绿色低碳产业方面主要有以下四个重点布局：一是推进新能源汽车产业化——作为全球新能源汽车领域的中心城市之一，上海已形成从充电设施、核心零部件到整车生产全链条完备标准体系，大力推广纯电动公交和物流配送等领域应用，上海在氢能汽车研发方面也具备较强实力；二是节能环保——通过建立“节约型、资源高效”的科技体系和政策法规框架（如《上海市资源节约和循环经济发展“十四五”规划》——紧紧围绕“五个中心”和生态之城建设目标，将资源节约和循环经济发展作为推动城市高质量发展，实现碳达峰、碳中和目标的重要抓手，以“源头减量、循环使用、再生利用”为理念统领，以优化结构、控制总量、提升效率为主要途径，以绿色技术创新和产业发展为关键支撑，加快建立健全绿色低碳循环发展经济体系，推动上海经济社会高质量发展。)，加大工业生态园区建设及节水技术应用力度，加强对建筑、钢铁、电力等高耗能企业的检查力度并给出指导意见，优化供需结构格局；三是发展海洋经济——按照“开放创新引领未来”的战略思路，深耕船舶制造、海洋装备等传统优势行业，并向养殖渔业、沿岸旅游等领域拓展；四是打造智慧城市——在智慧交通管理系统、智慧公共服务平台和家居自动化控制器三个方面进行了大量投资与推广，树立起以“互联网+物联网”作为核心部分。此外，上海市还通过推进绿色供应链建设和绿色金融体系，来支持绿色低碳产业的发展。

三　低碳与产业创新的关系

“十四五”规划对产业高质量发展提出更高的要求，构建现代产业结构体系要合乎经济效益、环境效益和社会效益的统一，而低碳产业与产业变革有着不可忽视的内在联系，以低碳为核心的产业和技术变革顺应了世界产业结构重塑的方向，成为推动我国产业结构优化升级的重要力量和新的增长点。产业的低碳化转型包括四方面的内容：一是建立低碳化的产业结构，产业结构变动是影响能源消费的重要因素，主要手段是大力发展相对低碳的第三产业，提高第三产业对国民经济发展的贡献率；二是形成低碳化的生产和流通过程，通过清洁生产、能量的梯次利用、使用低碳能源等手段减少能源浪费，提高能源利用效率，减少生产和流通过程中的碳排放；三是设计生产（或提供）在消费过程中碳排放较少的产品和服务，实现产品和服务的低碳化；四是大力发展为低碳化发展提供技术和服务支持的新兴产业，如碳排放权交易、低碳能源技术研发及推广、森林碳汇等。①

第二节　低碳约束下长三角产业创新的基础

2019 年底国务院批复《长三角生态绿色一体化发展示范区总体方案》，方案中指出要将长三角示范区打造成践行新发展理念和高质量发展的先行区，形成一批可复制可推广的项目经验，实现生态友好发展与创业创兴发展的协同共生，引领长三角地区在低碳环保与产业创新上实现质量变革、效率变革、动力变革，夯实长三角高质量一体化发展之路。2021 年 6 月，在多方主体共同推动下，长三角生态绿色一体化发展示范区绿色低碳发展行动共同体成立，致力于推进可持续发展的绿色产业、生态补偿、环境评估等行动。可以说，绿色低碳发展已经成为长三角一体化发展中系统性变革重要的一环。作为能源消费大区，改变能源利用体系、提高低碳产业占比，对支撑长三角地区现代化产业体系建设具有现实的必要性和紧迫性。

长三角由制造业为主的“二、三、一”型产业结构向服务业引领的“三、二、一”型产业结构转变，在经济新常态的背景下高质

① 《绿色经济、循环经济、低碳经济，三者之间究竟是什么关系?》，《中国环境报》2017 年 10 月 9 日。

量发展成为长三角产业结构升级的重要方向，在“提高创新能力”“建设创新性国家”“创新驱动”等一系列产业措施的加持下，传统产业与新技术、新模式、新业态的融合发展，光伏、核电、风电等与清洁能源相关的装备制造业向长三角地区集中，集成电路、人工智能、生物医药、新能源汽车四大产业占据长三角产业结构的核心地位，产业结构与布局不断优化调整，整体上产业结构向低碳、节能转变，高新技术产业、数字智能制造产业、服务型制造、高端服务业等现代产业体系结构基本实现。近几年，创新已经成为长三角产业体系升级的核心要素，以上海、南京、杭州、苏州、合肥等中心城市为核心的产业链集聚不断完善，通过横向扩散、纵向联系形成城市产业创新的互联互通，长三角产业创新网络越发密集。

一　新能源汽车的低碳高能化发展

在全球新能源发展浪潮之下，汽车电动化加速推进，以欧洲、美国、日本为首的发达地区和以中国为首的发展中国家作出了比较突出的贡献。中/欧两大地区新能源渗透率涨幅较快，非/南美/澳洲等地新能源渗透率基本为0。如图4-2所示，2020年以来，中国/欧洲两地新能源汽车渗透率由5%以下迅速突破，中国整体在完善产业链和政策支持的背景下增速更快，2022年8月提升至27%左右，欧洲提升至17%以上。北美地区新能源汽车渗透率由2020年初的2%提升至2022年8月的6%左右，其余亚洲地区/澳洲/南美洲/非洲新能源渗透率均接近于0。

汽车产业链本身就具备超长的链接性，随着新能源车销量逐步走高，涉及多领域交叉融合的行业进入发力期，加之海外充电桩建设高速增长，宁德时代、亿纬锂能、科达利、天赐材料、中伟股份、德方纳米、天奈科技、比亚迪、中科电气、壹石通、孚能科技、超频三等企业也加快“走出去”的步伐。整条产业链的低碳化进程，成为国内汽车产业低碳发展的重要模式，将推进在减碳方面产生协同效应。当前，长三角有着数量最多的新能源汽车生产基地，主要集中于江浙皖三地。

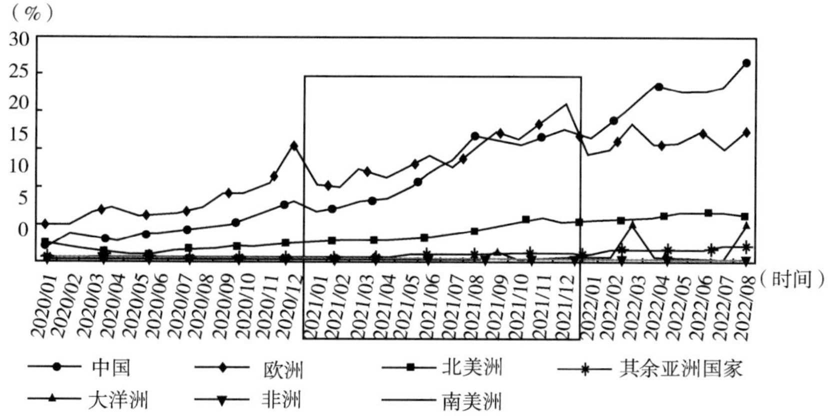

图 4-2　全球新能源渗透率

资料来源：Mark Lines。

二　能源消费结构

长三角地区能源消费结构中化石能源依然占比较高。2018 年，长三角地区的煤炭消费量约为 6.07 亿吨，石油消费量为 1.08 亿吨，天然气消费量为 544 亿立方米，分别占全国的比例为 15.9%、17.7%、20.0%。在地区能源消费结构方面，化石能源约占长三角地区能源消费总量的 89.4%，其中煤炭占比 55.4%，石油占比 27.2%，天然气占比 6.8%；非化石能源约占长三角地区能源消费总量的 10.6%。其中，浙江省 2018 年风光水核一次发电量达到 898 亿千瓦·时，江苏、安徽、上海分别为 568 亿千瓦·时、208 亿千瓦·时和 23.8 亿千瓦·时，上海、江苏、浙江、安徽三省一市风光水核发电量占发电总量的比例分别为 2.8%、11.1%、25.8%和 7.6%。

以核电、气电、高效清洁煤电以及可再生能源（如光伏、风电）为代表的装备制造业，在长三角地区发展强劲。具体来看，依托区域内核电基地，基本形成了较完整的核电产业链，一批实力雄厚的龙头企业形成了批量生产能力和市场竞争力；燃气轮机和超超临界装备制造也具备较好的自主研发能力和产业发展基础；风电装备制造业产业链完备，2018 年长三角地区海上风电制造企业的累计装机容量在全国的占比超过 70%；光伏产业制造主要集中在产业链中下游，全国逆变器、组件、电池制造企业有 50%以上集中在长三角地区。

第三节　低碳约束下长三角产业创新的瓶颈

在长三角地区，2022 年上海市规上工业总产值继续保持 4 万亿量级，新兴产业总产值占规上工业总产值比重提高到 43%，科创引领产业高质量发展效能进一步显现。① 江苏省新兴产业逆势增长，成为推动经济加速回暖的重要“引擎”，江苏省工业新兴产业产值比 2021 年增长 21.9%，增速快于规模以上工业产值 3.4 个百分点，占规模以上工业产值比重达 39.8%，其中新能源汽车、新材料等产业增长较快，同比增速分别高达 55.4%、28.7%。② 2020 年浙江省新兴产业占规模以上工业产值比重达 33.41%，安徽省新兴产业产值占规模以上工业产值比重超四成。目前，全国各地积极促进新兴产业发展，如安徽省为进一步加快新兴产业发展，在安徽省十三届人大四次会议《政府工作报告》中提出，“十四五”期间，安徽计划建设新型显示、集成电路、新能源汽车和智能网联汽车、人工智能、智能家电五个世界级新兴产业集群。同时，打造一批数字科技创新先行区和数字经济产业集聚区；推动生产性服务业向专业化和价值链高端延伸，推动生活性服务业向高品质和多样化升级；培育形成 1

---

① 彭艳秋：《上海市经信委：全市新兴产业总产值占规上工业总产值比重提高到 43%》，澎湃新闻，2023 年 5 月 11 日，https://m.thepaper.cn/newsDetail_forward_23039195。

② 刘菁：《江苏“三新”经济同比增长 14.8%》，《江苏经济报》2022 年 7 月 8 日 A01 版。

个万亿级产业、10 个左右千亿以上产业、1000 个以上专精特新及“小巨人”“冠军”企业。[①]

一　产业结构矛盾依然存在，地区间协同发展不足

目前，长三角逐渐开始摆脱产业低端化定位，在中国“核心技术攻坚战”的带领下，产业结构向高端化迈进，核心技术研发、自主创新能力不断增强。2020 年上海在高端产业上占据优势地位，新能源、高端装备、生物、新一代信息技术、新材料、新能源汽车、节能环保、数字创意等工业新兴产业完成工业总产值 13930.66 亿元，比 2019 年增长 8.9%，占全市规模以上工业总产值比重达到 40.0%；[②] 三省一市在节能技术应用、太阳能光伏等清洁能源开发与利用、能源余热再利用、生物质能利用等技术方面已拥有较高的研发实力。但还有部分企业处于产业链的中下游，低碳产品的上下游产品延伸不多，且未形成完整的产业链和研发链。此外，地区间产业链协同配合和研发技术共享等方面也欠缺有效的联动机制，不同政府部门之间产业扶持政策存在低效率的竞争或冲突，市场开放性有待进一步扩大。

二　能源消耗量仍过大，节能形势需谨慎

在国家发展改革委办公厅发布的《2021 年上半年各地区能耗双控目标完成情况晴雨表》（发改办环资〔2021〕629 号）中，关于能耗强度降低和消费总量控制，江苏省作为重工业的重镇之地，上半年能耗强度不降反升，为一级预警；浙江省、安徽省能耗强度降低率未达到进度要求，为二级预警；上海市为三级预警。总体上，能源消耗量还未达到中国经济社会发展总需求，因此，面对相对较为

① 中商产业研究院：《一文读懂“十四五”时期长三角地区新兴产业发展思路》，2021 年 2 月 22 日，http：//www.cinic.org.cn/sj/sdxz/zzjj/1040634.html。

② 数据来源：上海市统计局《2020 年上海市国民经济和社会发展统计公报》。

严峻的能源消耗体系，长三角要助力国家“双碳”战略目标，在化石能源向非化石能源过渡阶段，要抓住天然气能源系统改革、太阳能发电、光伏产业体系建立等清洁、低碳、高效的可再生能源利用。

三　低碳产业自身的发展问题

绿色低碳产业面临的发展问题主要表现为：一是成本过高——生产同样的产品，清洁途径的开销远超传统生产方式，因此会造成经济负担的增加；二是社会对产业的认知度仍需提高——尽管公众意识已较为普遍，但是在商业应用方面并未彻底落地，大多数企业还没有足够的动力来推广和大范围采用相关环保技术；三是产业结构有待继续优化——目前，绿色低碳行业的归属分散，实施单位散乱无序，因此亟须整合各种媒介并形成统筹协调体系；四是能源转型障碍重重——很多新能源企业只是顺应市场风向，并没有将自身业务与所在地的天然资源良好结合，同时政府的态度也是清洁新能源能否保持发展的关键所在。

第四节　低碳约束下长三角产业创新的建议

产业结构偏重、能源消耗过大是制约中国低碳发展的难点所在。为解决这一难题，适应“碳达峰、碳中和”的需求，通过提高高能耗能源的利用率、推进节能降碳产业的创新发展、提升绿色低碳技术的普及率等新动能，构建“大环保”产业垂直领域科技创新生态，实现优化长三角产业布局和调整产业结构的目的。

一　打造低碳产业链，建设绿色制造体系

工业领域，深入推进煤电、钢铁、有色、建材、石化、化工等行业节能降碳工艺革新。交通运输领域，打造节能低碳交通运输体系，调整优化运输结构，大力推动交通领域电动化，推广节能和新

能源车船。建筑领域，提升建筑节能标准，推行绿色建造工艺和绿色建材，加强超低能耗和近零能耗建筑示范。公共机构领域，推行能耗定额管理，全面开展节约型公共机构示范单位创建。新型基础设施领域，提升数据中心、5G等新型基础设施能效水平，加快绿色数据中心建设。加快先进节能技术和产品设备研发推广。发挥新型举国体制优势和企业创新主体作用，加强节能降碳科技攻关和示范应用，布局一批节能降碳前沿技术研究。加快推广先进高效节能产品设备，淘汰落后低效设备。

降低市场培育成本，加快低碳技术向产业化的跃进，加快构建优化中央领导牵头、省市级领导部署、各职能部门和基层政府负责实施、企业和研究机构积极参与的低碳节能管理体系，引导全社会力量参与低碳技术创新，降低企业或科研院所从事低碳技术创新的成本，促进低碳技术创新能力提升和低碳社会建设。发挥产业发展拉动需求、低碳技术推动产业发展的双向互动作用。设计培育低碳市场的多项制度，包括环保积分制度；环保节能汽车补贴、税收优惠制度；住宅用太阳能发电系统补贴制度、剩余电量回购制度；碳足迹和碳排放可视化制度；领跑者计划制度。有效分担和降低企业创新的市场成本。加强地区间合作，投资建设相关产业基础设施，加强长三角地区间合作，通过投资建设相关产业基础设施，降低企业在跨区域间的各类交易成本。坚持需求导向和产业化方向，坚持企业在创新中的主体地位，发挥市场在资源配置中的决定性作用和社会主义制度优势，增强科技进步对经济增长的贡献度，推动以科技创新为核心的全面创新。

制定以低碳技术为核心的国家创新目标，完善推动低碳技术创新、降低创新成本、实现低碳技术标准化等配套政策。加快推动绿色低碳技术实现重大突破，抓紧部署低碳前沿技术研究，加强对绿色低碳技术未来发展战略研究，有效指导低碳技术遴选，鼓励创新性或颠覆性的低碳技术研发，大幅降低企业低碳创新成本。聚焦国家“碳达峰、碳中和”战略目标，有序以资本链驱动绿色低碳科技的创新链，以科技创新促进经济社会发展全面绿色转型。落实《完善能源消费强度和总量双控制度方案》工作要求，坚持和完善能耗双控制度，严格能耗强度约束性指标管理，合理控制能源消费总量。健全能耗双控管理措施，增强能耗总量管理弹性，推动能源资源配置更加合理、利用效率大幅提高。加强产业规划布局、重大项目建设与能耗双控政策的有效衔接。在促进头部企业集聚发展的同时，也着力推动小微企业快速成长，中心是中关村环保“大环保”产业平台的重要组成部分，将充分利用中关村发展集团的集成服务优势，汇聚创新资源、构筑创新生态。以服务中关村双创主体为核心，促进产业共性关键技术研发、科技成果转化及产业化，推动重点领域项目、基地、人才、资金的一体化配置，着力打造全国绿色低碳领域的科技创新高地。

二 搭建产业创新协作平台，推动低碳共性技术共享

在石化、钢铁、化工、建材等传统产业领域以及新能源汽车、生物技术、绿色环保等新一代战略新兴产业领域，实施绿色制造工程，发展服务型制造新模式，提升产业的绿色化、高端化、智能化水平，通过政府、协会等平台搭建低碳创新信息共享平台，在技术创新应用与推广、低碳技术信息共享、研发协同攻关等方面提供综合性技术资源共享服务，降低低碳技术创新的各类成本与外部风险，为长三角企业提供高效低成本的研发平台。在基础性、、关键性核心技术方面的研究加强引导性经费投入，推动重大科技专项攻关，为解决核心技术“卡脖子”问题提供财政资金支持。

联合产业链各环节龙头企业、骨干学术力量包括国际企业组成偏应用型技术的共性技术平台和产业联盟，并开展统一技术标准、技术路线的制定。同时，在长三角一体化示范区内建立技术转移中介市场，打破技术与市场的边界隔离感，打通技术跨区域转移“最

后一公里”的通道，对接低碳技术研发的市场需求和科研成果的有效供给，共同推动绿色低碳技术创新、产业完善和落地转化。

三　发挥金融资本动力：抓住资本市场开放机遇，建设全球资产管理中心，实现资本流入新跨越

随着资本全球化推进，金融领域国际直接投资是主要全球城市吸引国际资本的重点领域，包括金融业以及投资控股公司。上海要借助中国金融业开放机遇，发挥国际金融中心功能优势，加大银行、证券、保险引资力度，扩大境外金融机构在沪业务范围，拓宽中外金融市场合作领域。积极吸引全球知名资产管理机构和各类总部型、功能性金融机构，鼓励和支持外资金融机构发展，吸引外资金融机构将区域性乃至全球性总部设在上海。

由于在全球分拨、中转、离岸贸易等方面有关税收、外汇和贸易监管的特殊安排，上海贸易领域引资国际竞争力不如新加坡、中国香港等地区。建议要推动自贸试验区改革试点，提高贸易和外汇监管便利化程度，提高上海转口贸易和离岸贸易竞争力，推动贸易型总部的落地。① 发挥中国国际进口博览会溢出和辐射效应，充分利用上海主场优势，推动商品和服务新领域、新业态、新模式国际直接投资项目落地。

随着金融市场开放路径的深入，业务之间开始交叉、重叠和冲突。未来上海要建设全球资产管理中心，需要不断完善金融业开放和资本市场开放之间的关系。建议在国家外汇管理局设定的额度内，支持金融外资机构拓展银行间市场债券业务，打通 QFII/RQFII 和外资金融机构之间的资金业务通道，提高金融监管机构创新能力，进行风险管控。

目前，上海作为跨国公司国内资本总部的定位越发突出，这与

---

①　中国科学院大学国际资本流动与金融稳定研究课题组：《国际资本流动回顾和展望》，《中国金融》2022 年第 3 期。

中国香港作为跨国公司进入中国的资本中心的定位有着错位。因此，在新的阶段，上海要抓住此轮机遇，发挥上海作为全球资本在中国资本平台的作用，尤其是要解决跨国公司总部经营中出现的问题，政策的重心从准入到对经营的支持，包括地区总部认定标准重经营标准、轻注册资本要求；地区总部企业所得税税收制度改革；突破外汇监管制度的特定区域限制，通过强化主体资信评级、资格认定，降低政策实施的风险性。

四　发挥产业创新动力：加大对关键技术研发的支持力度，打造一批高端制造产业基地

智能制造是《中国制造 2025》的关键内容，也是上海市发展成为“有影响力的科技创新中心”的重要手段。该计划为外资企业进一步打开了多领域投资的大门，有利于促进生产制造自动化、流程管理数字化、企业信息网络化和智能制造云端化。智能制造将进一步扩大上海利用外资的规模，同时在上海市打造一批高端制造产业基地。未来上海制造业要保持合理比重和规模，综合竞争力迈入世界先进水平行列，力争将上海打造成为具有高附加值、高技术含量、高全要素生产率的国际高端智能中心之一。

针对当前制造业的问题，上海要根据当前制造业产业链的形态来布局各个环节的创新工作。吸引外资立项并实施一批关键领域的技术攻关项目，加快突破制造业发展的技术瓶颈，提高科学技术在生产实践中的利用率，使科技成果更快被运用到生产过程中，运用到关键技术的攻坚克难过程中，从而提升上海制造业的全球竞争力。

在产业选择方面，应将改革创新的重点放在集成电路、智能制造装备、生物医药与高端医疗器械等重点领域，致力于研发在全国范围内具有影响性、能带动产业全局发展的关键技术。同时，建设一批制造业创新中心、企业技术中心，发挥国内先进研发机构和国外行业领先企业的作用。在加快产业转型升级方面，上海应该积极

改造提升诸如汽车、钢铁、化工、船舶等具有优势的传统产业。在提高投资效率方面，上海要重视市场配置资源的决定性作用，发现制造业关键领域的市场需求，为重大投资项目提供契机，也要保持工业投资的适度规模，优化投资结构。

围绕加快建设全球有影响力的科技创新中心，持续提高上海创新驱动发展能力，增强中心城市功能和活力。有聚焦有针对地激励高新技术产业，制定积极有效的政策，精简实施步骤，推出奖励政策，设置严格门槛，对达到要求的企业以优惠政策和资金鼓励，刺激未达标企业进一步激发潜能。同时风险资本的发放应提高效率，在企业最需要的时候提供，提高贷款比例，照顾小微企业，鼓励更多的企业以服务输出形式减小压力，并能开放服务购买的市场，不止局限在政府部门，开发多样化发展规划。在科技事业单位，除加大基础研究投入以外，还应将此投入逐渐转向市场化，更灵活地运用到资金配置方面，增加劳务比重，提高自主权，根据市场变动和需要调整方向，使其迸发创造活力。

五　发挥制度变革动力：以政府自身改革为突破口，向学习型、创新型和服务型政府转变

制度改革是上海发展的重要动力，在制度和政策供给上加大力度，在要素和服务供给上创新机制，这一系列改革为上海继续发展提供制度革新动力。未来应以政府自身改革为突破口，扎实推进经济体制各项改革，努力在推进治理体系和治理能力上走在前列。

经济与社会发展对上海市的政府管理体制提出了新要求，要建立优化包容性创新体制机制，从管制型政府向学习型、创新型和服务型政府转变。政府要与时俱进，注重研究产业融合发展的趋势和规律，创新政府管理的重点和方式，减少土地指标等行政性直接干预手段，减少前置性审批，优化对市场的一线监管，加强市场监管的事中跟进评估、反馈调整和事后监管。通过机构合并、职能整合、

信息共享、监管共认等方式，利用大数据、智能化技术等优化监管手段，实现政府管理扁平化，增加管理宽度，减少管理层次，形成多部门联动的常态化。

区块链作为下一代全球信用认证和价值互联网基础协议之一，被认为是彻底改变业务乃至组织运作方式的重大突破性技术，越来越受到政府和组织的重视，并开始探索在多个行业领域的应用，如何应用于数字政府成为探讨的重点方向之一。① 区块链在技术上促使结构扁平化成了必然趋势，能够实现对大量数据信息的集中分析和快速处理，在短时间内将有用信息传递给各部门，同时避免了信息在部门间传递时的延迟与失真。未来上海市应积极推行扁平化管理，优化人、财、物等各类资源要素配置，提高决策效率和管理效能。

总之，上海市在世界城市体系中的功能和角色将发生重大变化，由亚太地区有影响力的国际大都市成长为具有全球辐射力和影响力的综合性全球城市。与现有的全球城市相比，上海崛起的动力有其历史规律性。在未来的发展进程中，上海还需找准发展点，发挥人力、资本、创新、制度等要素的作用，不断释放新的发展动力，促进经济与社会的持续健康发展。

---

① 丁邡、焦迪：《区块链技术在“数字政府”中的应用》，《中国经贸导刊（中）》2020 年第 3 期。

05

第五章
长三角数字经济协同发展

数字经济是继农业经济、工业经济之后的主要经济形态，是以数据资源为关键要素，以现代信息网络为主要载体，以信息通信技术融合应用、全要素数字化转型为重要推动力，促进公平与效率更加统一的新经济形态。① 数字经济发展速度之快、辐射范围之广、影响程度之深前所未有，正推动生产方式、生活方式和治理方式深刻变革，成为重组全球要素资源、重塑全球经济结构、改变全球竞争格局的关键力量。“十四五”时期，中国深入实施数字经济发展战略，不断完善数字基础设施，加快培育新业态新模式，推进数字产业化和产业数字化取得积极成效。2022 年中国数字经济规模达到 50. 2 万亿元，同比增长 10. 3%，高于同期 GDP 增长率 7. 3 个百分点，占 GDP 比重达到 41. 5%，数字经济为经济社会持续健康发展提供了强大动力。

第一节　长三角数字经济协同发展的背景和意义

数字经济是数字时代国家综合实力的重要体现，是构建现代化经济体系的重要引擎。世界主要国家均高度重视发展数字经济，纷纷出台战略规划，采取各种举措打造竞争新优势，重塑数字时代的国际新格局。

① 《二十国集团数字经济发展与合作倡议》，G20 官网，2016 年 9 月 20 日，http：//www. g20chn. org/hywj/dncgwj/201609/t20160920_ 3474. html。

一　数字经济协同发展的背景

数字经济，是指以使用数字化的知识和信息作为关键生产要素、以现代信息网络作为重要载体、以信息通信技术的有效使用作为效率提升和经济结构优化的重要推动力的一系列经济活动。

目前，全球许多国家都在重点发展数字经济以此来提高国家经济发展的竞争力。美国早在 1999 年就已经开始布局谋划发展计算机、网络和软件等产业，发布网络与信息技术研究与发展计划（NI-TRD），其数字经济一直处于全球领先地位。欧盟和日本也分别于 2000 年和 2001 年出台有关战略部署。中国在 2006 年发布《2006—2020 年国家信息化发展战略》（中办发〔2006〕11 号）。目前，中国数字经济发展规模已位居全球第二。尽管中国数字经济规模快速扩张，但发展不平衡、不充分、不规范的问题较为突出，迫切需要转变传统发展方式，加快补齐短板弱项，提高中国数字经济治理水平，走出一条高质量发展道路。在全球数字化转型背景下，数字经济已多次被写入《政府工作报告》，无论是中央政府还是地方政府，都在大力推进数字经济发展，积极探索数字化转型路径。2021 年 12 月，数字经济领域首部国家级专项规划——《“十四五”数字经济发展规划》出台，提出到 2025 年，数字经济迈向全面扩展期，数字经济核心产业增加值占 GDP 比重达到 10%，数字化创新引领发展能力大幅提升，智能化水平明显增强，数字技术与实体经济融合取得显著成效，数字经济治理体系更加完善，我国数字经济竞争力和影响力稳步提升。

作为全球第六大城市群，长三角地区是中国经济发展最活跃、开放程度最高、创新能力最强的区域之一。2018 年 11 月，长三角区域一体化发展上升为国家战略。多年来，长三角地区数字经济规模占中国数字经济规模的比重在 20% 以上，是中国数字经济发展极为重要的先锋区之一，承担着引领中国数字经济发展的重任。但是，长三角地区三省一市的经济数据表明，长三角地区也存在数字经济发展不平衡的问题。根据《全国数字经济发展指数（2021）》，安徽省数字经济发展排名第15，而江苏省、浙江省和上海市均排名前五。① 根据木桶原理，三省一市数字经济发展的差距将影响长三角地区打造全球数字经济发展高地的进程。自2020年6月6日签订《共同推进长三角数字经济一体化发展战略合作协议》后，三省一市迫切要求加快推进长三角地区数字经济协同发展。因此，如何实现长三角地区数字经济协同发展，成为一个重要课题。

二 数字经济协同发展的意义

（一）长三角地区数字经济协同发展，有助于打造全球数字经济发展高地

在数字经济发展方面，上海、江苏、浙江和安徽均有各自的比较优势。上海具备优质的投融资平台——科创板，能够为新一代高新技术产业和新兴产业的公司提供资金支撑；江苏是全国制造业规模最大、产业门类最全、产业链配套能力最强、产业国际化程度最高的地区之一，辖内13个地级市全部上榜2021年先进制造业百强城市的制造业大省，2021年省内制造业增加值占全省经济总量比重超35%；浙江具有良好的电商生态，在数字经济、互联网经济发展上具有先发优势，能够为传统领域赋能，推动传统产业数字化转型升级；安徽具有强劲的创新活跃度，有利于提高数字技术创新。长三角地区数字经济协同发展，有助于推进三省一市充分利用自身在数字经济领域竞争优势，重点优化产业布局，打破数字经济发展中的行政区划壁垒，加强与其他地区的联动合作和优势互补，培育数字经济发展新动能，加快建设现代化经济体系；充分发挥长三角地区在人工智能、云计算、高端软件、电子信息、智能终端等产业链

① 国家工业信息安全发展研究中心：《全国数字经济发展指数（2021）》，第三届工信安全智库论坛，2022年7月。

的融合优势，协同抢占全球新技术研发和产业化制高点，加快构建新一代信息技术世界级产业集群，打造全球数字经济发展高地。

（二）长三角地区数字经济协同发展，有助于加快数字中国建设进程

当前，中国正在实施“数字中国”建设。《数字中国建设整体布局规划》明确提出全面提升数字中国建设的整体性、系统性、协同性。为落实协同发展要求，共同打造数字长三角，长三角地区要以区域合作协同机制为基础，以信息化发展为合作抓手，以“互联网+”为智慧纽带，以工业互联网为连横“神器”，推动中国新一代信息基础设施建设和重点技术领域智慧应用，深化工业互联网的发展，这将促进数字经济与实体经济融合，有利于政府、经济、社会数字化转型，充分发挥长三角区域在全国数字经济发展中的示范引领和辐射带动作用。同时，数字经济是加快数字化发展的基础。数字产业化和产业数字化，有利于带动数字经济向社会和文化领域延伸，从而推动数字社会和数字政府建设，提升公共服务、社会治理等数字化智能化水平，加快数字中国建设进程。

（三）长三角地区数字经济协同发展，有助于形成长三角一体化发展格局

长三角地区数字经济协同发展，可以促进三省一市优势数字产业链融合进而形成优势互补、区域发展同步、资源配置优化的产业格局，推进长三角数据整合与开放共享，加快产业数字化、智能化转型，保障数字化转型走深走实，提升产业链供应链稳定性和竞争力，缩小三省一市之间数字经济发展的差距，促进长三角各地区数字经济高质量发展，提高三省一市整体发展实力和国际竞争力，形成长三角发展一体化的格局。

第二节　长三角数字经济协同发展的基础

长三角“三省一市”数字经济增速均高于同期 GDP 增速 5 个百

分点以上，数字经济在第三产业渗透率均高于 40%。长三角成为数字产业化示范者、产业数字化领跑者、数字化治理推动者、数据价值化探索者和新时代数字贸易践行者，数字经济新优势成为推动长三角高质量一体化发展的关键动力。

一　数字经济协同发展的经济基础

强大的经济实力是发展数字经济的坚实基础。长三角地区是我国城市群中经济体量最大的地区，2022 年 GDP 合计 29.03 万亿元，创造了全国 GDP 总量的近四分之一，同比增长 5.18%。同时，长三角地区人均 GDP 达 12.28 万元，是全国人均 GDP 的 1.43 倍，已经跨越了世界银行提出的中等收入陷阱，整体迈入高收入阶段。长三角抢抓数字经济变革时间窗口，2021 年长三角数字经济规模 12.7 万亿元，占区域 GDP 的比重约为 46%，占全国数字经济规模总量约为 28%。

长三角地区不仅大城市经济发达，县域经济也极为强劲，降低了协同发展的难度。《中国县域高质量发展报告 2023》显示，长三角地区百强县占全国百强县的近一半，其中江苏占 24 席，浙江占 21 席，安徽占 4 席。全球数字经济的发展，与地区或国家的人均 GDP 高度相关。这也是长三角地区数字经济发达的原因之一。长三角地区雄厚的经济基础，为数字经济发展提供充分保障。

二　数字经济协同发展的产业基础

发展数字经济的主要目的之一是利用前沿数字科技，如人工智能、大数据、物联网等，为传统产业转型升级，实现产业互联网化、数字化和智能化，从而降低生产成本、提高经营效率。因此，发展数字经济需要强大的产业基础来实现数字产业化、产业数字化。长三角地区是中国产业发展高地，拥有超过全国 1/4 的国家级经济开发区和超过全国 17%的世界 500 强企业，产业门类齐全、集群优势明显、工业化水平高，形成各具特色的产业体系，具备极强的产业分工合作潜力。而且，长三角地区还拥有众多领先全国的产业集群。集成电路产业，在中国集中度最高、产业链最完整、制造技术水平最高。就市场份额而言，集成电路产业占全国二分之一、新能源汽车产业占全国三分之一、机器人产业占全国二分之一、人工智能产业占全国四分之一、信息服务产业占全国三分之一、高端装备制造产业占全国三分之一。长三角地区扎实的产业基础，为数字经济发展以及数字经济与实体经济的融合发展提供了广阔的空间。

三　数字经济协同发展的创新基础

数字经济的发展依赖于地区或国家的创新水平，而长三角地区的科技创新资源占全国三分之一以上。长三角地区 2021 年研发投入总额达到 8422.2 亿元，占全国比重高达 30%，研发投入强度达 3.01%，超过全国平均水平近三成，财政科技拨款占政府支出的比重为 5.02%，高出全国平均两成，每万人拥有研发人员 71.18 人年。长三角科技创新资源配置占全国三分之一以上，截至 2022 年 5 月底，三省一市共同打造的长三角科技资源共享服务平台，集聚了两个综合性国家科学中心（占全国 50%）、国家大科学装置 23 个、大型科学仪器 4 万余台（套）、国家重点实验室 159 个、国家级科研基地 315 家、科技人才 20 余万、高新技术企业 44156、高等院校 458 所（双一流高校 34 所，占全国 24.3%）、国内外标准 160 余万条，已为 2429 家机构的 15700 余条项目提供服务，服务机构 2429 家、服务项目 15700 余条，平台访问量已达 185 万人次。长三角地区强劲的科技创新实力，为数字经济发展提供了坚实的支撑。

第三节　长三角数字经济发展比较

长三角电子信息产业梯度转移和皖北“6+2+N”梯度转移承接

平台表现为梯度转移发展模式；上海工业互联网和浙江电子商务产业发展表现为产业飞地发展模式；上海人工智能产业以及南京软件和信息服务产业表现为点轴联动发展模式；合肥和苏州以板块协同发展模式积极布局数字经济产业；长三角大数据交易中心和城市数字化治理呈现出区域极核发展模式；长三角“一超多强”和浙江“二四五”数字经济总体格局表现出多级网络发展模式。

一　数字经济总体发展程度比较

此处及后文，引用国家工业信息安全发展研究中心编写的《全国数字经济发展指数（2021）》中的数据进行比较。数字经济发展指数是综合各省市数字基础设施、数字产业化、产业数字化、数字治理的发展情况构建的。如图 5-1 所示，江苏数字经济发展程度最高，截至 2022 年底，江苏数字经济规模超 5 万亿元，位居长三角第一。其次是浙江、上海，最后是安徽，与四者 GDP 排名基本一致。

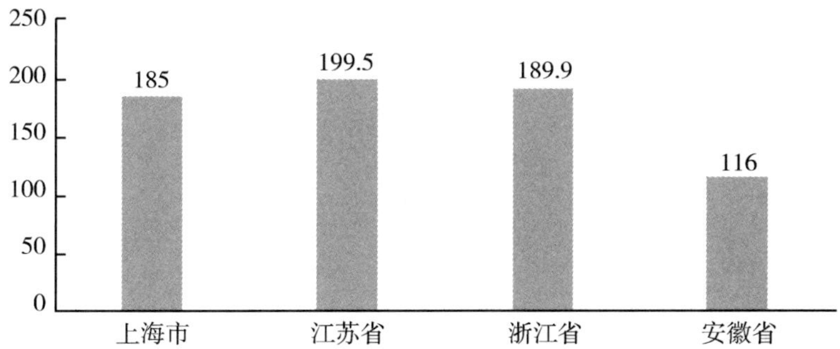

图 5-1　2021 年数字经济发展比较

二　数字经济政策和战略定位比较

从表 5-1 的数字经济政策内容可以看出，三省一市的数字经济政策主要都是围绕数字基础设施建设、数字产业化、产业数字化、数字治理展开，其中数字产业化和产业数字化是数字经济政策的核心内容。在数字产业化上，上海聚焦建设集成电路、人工智能、新能源汽车等世界级数字产业集群；江苏加快培育工业互联网、集成电路、高端装备等先进制造业集群，打造“世界工厂”2.0版，建设“世界级产业集群”；浙江突出发展集成电路和软件产业，壮大云计算、大数据和物联网等新兴产业；安徽坚持把做实做强做优实体经济作为主攻方向，建设新型显示、集成电路、新能源汽车和智能网联汽车、人工智能、智能家电5个世界级新兴产业集群。在产业数字化上，上海加快生产制造、科技研发、金融服务、商贸流通、航运物流、专业服务、农业等领域的数字化转型；江苏积极推动“江苏制造”向“江苏智造”转变，大力发展工业互联网，组织实施重点平台建设工程和“企业上云”计划；浙江重点实施优化工业互联网生态、实施企业上云行动，提升制造业智能化水平，加快服务业高端化发展和农业数字化转型。安徽深入实施“皖企登云”，利用工业互联网和工业App等，与实体经济的深度融合。

在战略定位上，上海围绕科技创新中心、综合性国家科学中心以及新型智慧城市、下一代互联网示范城市、新一代人工智能创新发展试验区等建设，到2025年，数字化基础设施达到国际一流、数字经济全国领先、数字贸易国际枢纽港功能完善，成为具有全球竞争力的金融科技中心和数字经济创新高地；江苏全力打造具有世界影响力的数字技术创新高地、国际竞争力的数字产业发展高地、未来引领力的数字社会建设高地和全球吸引力的数字开放合作高地；作为全国首个国家信息经济示范区，浙江深入贯彻数字经济“一号发展工程”2.0版，争创国家数字经济示范省，建成全国领先的数字政府先行区、数字经济体制机制创新先导区、数字社会发展样板区、数字产业化发展引领区和产业数字化转型标杆区；安徽将构建高水平创新体系作为首要任务，瞄准前沿关键核心技术，促进科技成果交易转化落地，与实体经济融合发展。到2025年，“数字江淮”发展水平跻身全国领先行列，数字基础支撑体系趋于完善，数字经济成为经济发展重要增长极。

表 5-1　数字经济政策内容

省市	代表性政策	内容
上海市	《关于全面推进上海城市数字化转型的意见》	强化系统集成、整体提升，实现经济数字化形成新供给、生活数字化满足新需求、治理数字化优化新环境，推动三大领域相互协同、互为促进，整体推进城市数字化转型
江苏省	《省政府办公厅关于深入推进数字经济发展的意见》	充分发挥数据作为关键生产要素的倍增效应，加快推动全要素数字化转型，围绕建设数字经济强省，着力实施数字设施升级、数字创新引领、数字产业融合、数字社会共享、数字监管治理、数字开放合作六大工程
浙江省	《浙江省国家数字经济创新发展试验区建设工作方案》	实施数字化生产关系构建工程；实施政府数字化转型引领工程；实施数字化协同治理创新工程；实施数字社会融合应用工程，实施数字产业化能级提升工程；实施产业数字化转型发展工程；实施数字长三角建设工程
安徽省	《“数字江淮”建设总体规划（2020—2025 年）》	打牢数字基础支撑；凝聚科技创新新动能；打造产业升级新引擎；构建电子政务新模式；探索社会治理新实践；激发公共服务新活力等，到 2022 年，数字经济规模占 GDP 比重为 35%，到 2025 年比重超过 40%

三　数字基础设施比较

数字基础设施是数字经济的基础保障。传统数字基础设施主要包括固定宽带接入用户数、4G 基站等；新型数字基础设施主要包括 5G 基站、数据中心、工业互联网等。

从图 5-2 可以看出，在固定互联网宽带普及率方面（家庭固定宽带接入用户数/本地区家庭总户数），上海市、江苏省、浙江省是均超过 100%（固定互联网宽度普及率超过 100%，主要是由于存在一个家庭用户拥有多个固定住所，办理了多个固定宽带接入业务的情况），其中浙江省以固定互联网宽度普及率 176. 63%遥遥领先。在 5G 基站建设方面，在江苏省和安徽省地域面积和人口相差不大的情况下，江苏省 5G 基站数量是安徽省的两倍多，安徽省只能实现 5G 网络覆盖地级市主城区，而上海市、江苏省、浙江省 5G 网络能实现全省县城以上地区和重点乡镇全覆盖。安徽省在数字基础设施方面还有很大的追赶空间。

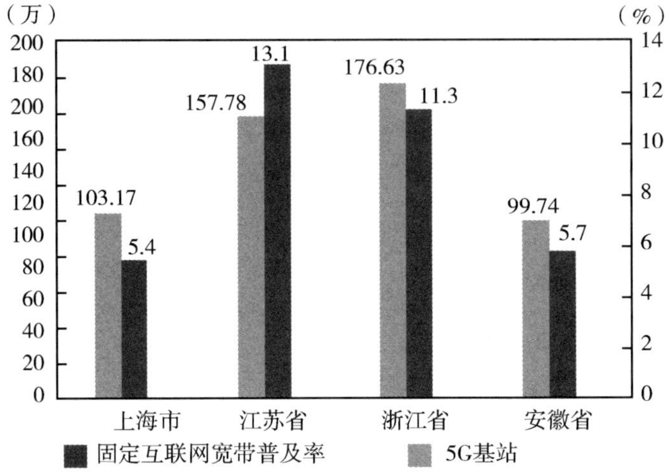

图 5-2　2021 年数字基础设施比较

在数字基础设施其他方面，上海作为全国首个“双千兆宽带城市”，固定宽带光纤实现 99%家庭覆盖，千兆接入能力覆盖家庭数达到 961 万户，搭建数据中心机架超过 12 万个，打造了宝信、智能云科、中科云谷等 15 个具有影响力的工业互联网平台，工业互联网相关企业已有 500 多家，位居全国第三，工业互联网的核心产业规模达到 1000 亿元；江苏省搭建数据中心机架超过 30 万个，打造出 86 个省重点特色工业互联网平台，朗坤苏畅云、无锡雪浪云等 7 家平台获评工业互联网产业联盟四星级、五星级平台，占全国 1/3，建成 8 条国际互联网数据专用通道，建成国家超级计算昆山中心，南京市、扬州市、苏州市、无锡市、南通市等地被纳入“东数西算”全国一体化算力网络长三角国家枢纽节点集群；浙江省已建数据中心数量超过 193 个，总机架数量约 17. 3 万个，其中大型以上数据中心 20 个，拥有国内领先、全球第三的云服务提供商——阿里云，还初步建成“1+N”工业互联网平台体系，培育省级工业互联网平台 210 家，建成并开通 5 个城市的 16 条国际互联网数据专用通道；安徽省培育重点工业互联网平台 42 家，其中进入工信部试点示范类 20 家，涌现出科大讯飞、合力叉车等一批成长较好的工业互联网平台，另外还有江淮汽车、格力电器、长虹美菱、司尔特肥业等 14 家企业被评为国家级工业互联网试点示范。

四　数字产业化比较

数字产业化是指利用 5G、数据中心、工业互联网等新型数字基础设施，培育壮大人工智能、大数据、区块链、云计算等新兴数字产业，最终形成数字产业集群。

衡量数字产业化的指标是基于各省份新兴数字产业和传统数字产业构建的。从图 5-3 各省市数字产业化得分可以看出，2021 年，安徽省的数字产业化水平在长三角地区处于较低水平，而江苏省处于领先地位，上海市和浙江省稍逊一筹。但是，图 5-4 显示，安徽省新兴产业近五年增速居长三角地区首位，尽管安徽省数字产业化起跑线较低，但是增长劲头强烈，正在逐渐追赶其他省市。

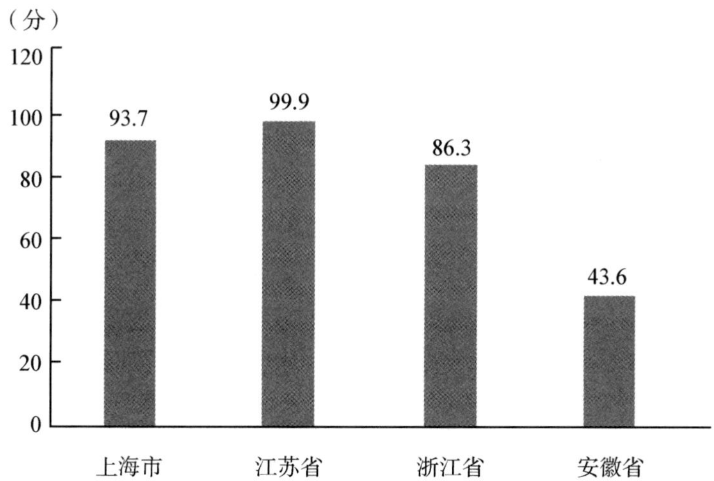

图 5-3　2021 年数字产业化得分比较

注：图 5-3 为各省市数字产业化得分比较。来自国家工业信息安全发展研究中心编写的《全国数字经济发展指数（2021）》中的数据。

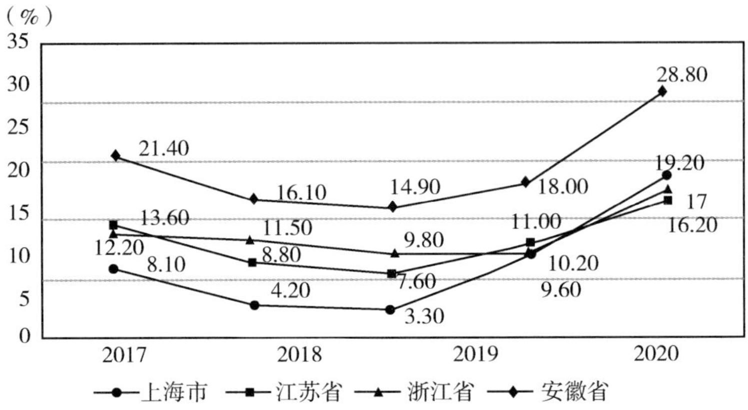

图 5-4　2021 年新兴产业增长率比较

在数字产业化其他方面，上海市拥有中芯国际、上海微电子装备、澜起科技等芯片龙头企业，芯片企业投资金额和交易笔数在全国范围内均占据第一，也是中国集成电路产业中产业链最完整、产业集中度最高、综合技术能力最强的区域，拥有超过 600 家集成电路行业重点企业，产业规模约占全国的 20%；江苏省 2021 年数字经济核心产业增加值 12335 亿元，占 GDP 比重达 10.6%，建成省级大数据产业园 9 个，还打造了产业链完整、企业集聚度高、人才储备和技术开发水平领先的苏州工业园区电子信息产业示范基地，中国（南京）智谷、中国（南京）软件谷也已形成人工智能产业集群优势；浙江省 2021 年数字经济核心产业增加值突破 8000 亿元大关，达到 8348.27 亿元，同比增长 13.3%，电子信息制造业规模稳居全国第 3 位，软件业务规模保持全国第 4 位，在电子商务、数字安防等细分领域具有国际竞争优势，在云计算、大数据、人工智能、区块链等新兴领域形成了特色优势，一批龙头骨干企业阿里巴巴、海康威视等，引领浙江省数字产业化发展；安徽省建设集中电路、人工智能、新型显示器件、先进结构材料 4 个国家新兴产业集群，集聚企业超过 1900 家，实现营收 2021 亿元，科大讯飞、华米科技、国盾量子、科大国创等优势企业量质提升，“中国声谷”入园企业数达 1024 家，营业收入 1060 亿元，实现“千家企业、千亿产值”目标。

五 产业数字化比较

产业数字化是指传统产业与数字技术的结合，通过数字技术对传统产业进行全方位、全角度、全链条改造，推动传统产业数字化、网络化、智能化发展。

衡量产业数字化的融合指标是基于各省工业数字化、农业数字化和服务业数字化的水平来构建的。从图 5-5 中产业数字化得分可以看出，2021 年，浙江省和江苏省产业数字化水平遥遥领先，上海市稍逊一筹，而安徽省处于最后一名。

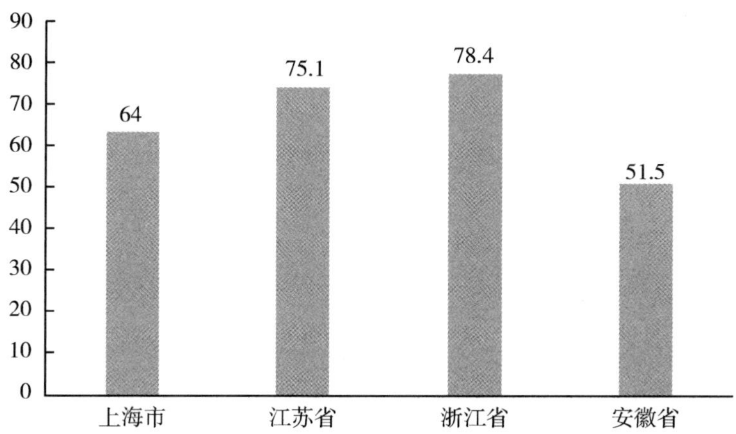

图 5-5 2021 年长三角三省一市产业数字化得分比较

在产业数字化其他方面，2021 年，上海市加快落实“工赋上海”三年行动计划（2020—2022 年），推动工业互联网创新发展，以“知识化、质量型、数字孪生”为主线，助力制造业数字化转型，建成 2 家国家级标杆性智能工厂，建设 100 余家智能 示范工厂，打造 10 个新型供应平台，做强 20 个具有行业影响力的工业互联网平台。江苏省2022年全面新增通过国家两化融合管理体系贯标企业811家、省级智能制造示范车间332个、智能工厂试点10家，两化融合发展水平连续七年位列全国第一。苏州市获批创建全国首个区块链创新应用综合试点，无锡市入选国家区块链创新应用综合试点，全省区块链信息服务备案项目数达108个，位居全国前列。全年培育8家国家数字商务企业、16家国家电子商务示范企业，网络零售额1.08万亿元，同比增长5.2%。浙江省2021年全年认定省级智能工厂160家，培育“未来工厂”20家，累计应用工业机器人11.1万台，数字化赋能作用日益凸显，多行业5G应用和多领域工业互联网融合发展，已在15个重点行业形成5G应用项目超800个，形成“5G+工业互联网”项目275项，推荐5G示范标杆应用76个。在20个重点工业制造业领域参与建成“未来工厂”32家、“培育工厂”64个；安徽省认定了98个省级智能工厂、472个数字化车间，在机械、钢铁、石化等10大领域500多家企业推广应用工业机器人已超过3万台，全省超过1万家企业上云上平台，累计通过国家两化融合管理体系标准评定的企业有1850家，位居全国第四位，工业云平台应用率57%，居全国第五位。

六　数字化治理比较

数字治理是推进政府治理数字化转型，将数字技术与政府治理紧密结合，充分利用大数据、云计算、人工智能等新技术促进政府组织再造、政务流程优化、行政审批改革，增强政府决策的科学性和行动的及时性，从而提高区域资源配置效率、优化地区管理和服务、改善居民生活质量。中国数字政府已由以信息服务为主的单项服务阶段，迈向一体化政务服务为特征的整体服务阶段，“掌上办”“指尖办”成为政务服务标配，“最多跑一次”“不见面审批”等创新实践不断涌现，有效解决群众和企业办事难、办事慢、办事烦等问题，驱动互联网政务服务由点到面、由浅及深加快发展。

衡量数字化治理的指标是基于各省平台治理、数字营商环境的表现构建的。从图 5-6 中数字化治理得分情况可以看出，浙江省、上海市、江苏省数字治理水平较强，安徽省数字治理水平还有待提高。作为长三角地区唯一的内陆省份，安徽省应努力提高数字治理水平，缩小与其他沿海省市数字经济发展环境的差异性，为吸引和承接更多优质数字经济资源打好基础，逐渐弥合数字经济发展水平的鸿沟。

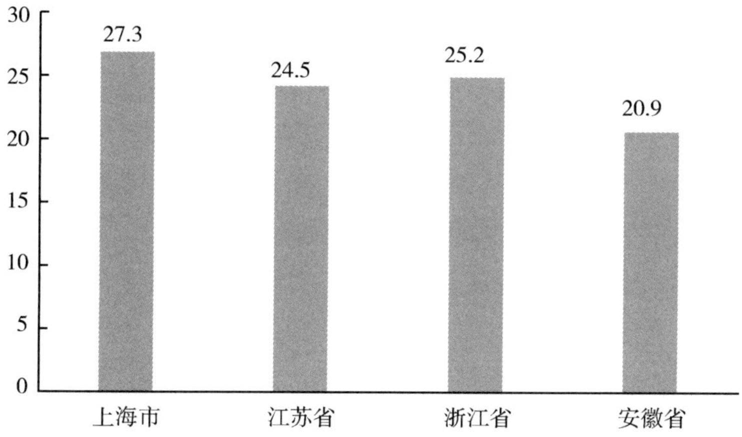

图 5-6　2021 年数字化治理比较

在数字治理其他方面，上海市打造政务服务“一网通办”，实现行政审批事项全覆盖。截至 2021 年底，“一网通办”总门户已接入 3458 项服务事项，其中 87%的事项可实现全程网办，日均办事 28 万件，实际网办率达 77%，实际全程网办率 69. 3%，分别比上年提升 19 和 17. 4 个百分点，“一网通办”个人实名用户数达 6195 万，同比增长 40. 3%，法人用户超 249 万，总客服解决率和满意率分别达到 98. 7%和 84. 9%；江苏全省 98. 5%的行政权力事项可实现网上办理，“苏服办”App 汇聚各类应用 3418 个、电子证照 26 种，自然人用户近 1. 3 亿，平均月活跃用户达 4903. 5 万；2021 年浙江省迭代完善“浙里办”，整合了各设区市自建政务类 App 87 个，集成市县便民惠企应用 1705 个，全年认缴数据共享接口调用量为 323.7 次，依申请政务服务事项“一网通办”率为 100%，持续推进“掌上办事”“掌上办公”“掌上治理”之省建设；安徽省建成政务管理“五大系统”，覆盖全省 16 个市和 92 个省直部门，省级数据共享平台也接入省直 57 个部门，政府数字化治理和政务服务水平明显提升，全面推行“皖事通办”，率先推出 7×24 小时不打烊“随时办”服务，还利用“四送一服”综合服务平台，开展“四送一服”双千工程，直达企业，切实解决企业问题。

第四节　长三角数字经济协同发展现状和存在问题

一　长三角数字经济协同发展的现状

（一）协同发展的总体推动情况

经过多年发展，长三角地区以数字经济带动整体经济社会快速发展的态势已经形成，以上海为区域中心城市，以南京、杭州、合肥等省会城市，以及苏州、无锡、常州、宁波等经济强市作为副中心的“一主多副”结构逐渐发挥辐射带动作用，引领长三角城市群数字经济发展水平逐年稳步提升。2022 年 11 月 9 日，长三角十城市（区）组建“数字长三角共建联盟”，明确提出要构建数字基础设施互联互通、数字产业联动互补、数字场景共建共享、数字智治高效协同的“数字长三角”发展新格局。

（二）数字基础设施协同现状

长三角地区积极推动各具特色的“双千兆”协同发展典型城市建设，2021 年底，上海、南京、无锡、常州、苏州、杭州、宁波 7 座城市通过双千兆城市建设评估，加入全国首批 29 座双千兆城市队列。总体而言，长三角地区在新型网络基础设施建设方面实现全国领先，各城市 5G 和千兆光网建设的持续深度覆盖，为推动地区科技创新、拉动有效投资、促进信息消费、赋能千行百业发挥出重要作用，是支撑地区经济社会高质量发展的坚实网络基础。截至2021年底，三大运营商等在长三角地区累计落地投资超过2000亿元，建成5G基站38.2万个，占全国比重达24.9%。工业互联网基础设施建设方面，长三角地区积极参与中国工业互联网标识解析体系架构“0”到“1”的突破性建设。工业互联网标识解析国家顶级节点（上海）已经建成运行，长三角区域共67个二级节点接入，累计标识注册量超464亿，累计标识解析量超273亿次，累计标识注册量及解析量占全国比重均超过六成，覆盖航空航天、医疗器械、新材料、工程器械等领域8.4万家企业，各项指标均位居中国各顶级节点之首。与此同时，江苏、浙江、安徽三省各城市也在切实推进国家工业互联网标识解析二级节点及重点企业节点建设工作，体系布局追赶步伐加快。

（三）科技创新协同现状

随着《长三角科技创新共同体建设发展规划》逐渐落实，长三角地区科技合作日益紧密。根据《长三角区域协同创新指数2022》，长三角地区协同创新指数从2011年至2021年增长了近1.5倍，年均增速达到9.47%。在2019年至2021年国家重点研发计划中，长三角地区协同承担682项，占三省一市获批国家立项总数的76.2%，争取到国家经费109.49元，占三省一市国家经费总数的86.73%。2020年10月，长三角国家技术创新中心获得科技部批复支持建设，并在2021年6月3日正式揭牌，作为承担三省一市在科技领域协同合作的平台，在创新资源端，已建立4个海外合作平台，与国外72家和国内61家知名高校和研发机构建立了战略合作关系，支持国内外高校院所的研究成果到长三角区域落地转化；在研发载体端，已在先进制造、新材料、生物医药、信息技术和能源环保等领域拥有具有一流研发平台和技术人才的研发载体87家，瞄准国家重大战略需求和产业关键共性技术，开展技术攻关；在产业需求端，与行业龙头企业共建企业联合创新中心，截至2022年上半年，累计建设企业联合创新中心218家，凝练提出技术需求936项，帮助企业对接达成技术合作341项。

（四）生产要素协同现状

随着数字经济的快速发展和行业数字化转型程度的不断加深，数字经济核心城市对高水平人才、资本等生产要素的需求快速增加。长三角地区作为数字经济发展的示范引领区，需要重视跨区域发展战略的整体规划和部署，通过制定有效的政策措施进一步加强区域内生产要素的高效汇聚和流动。《三省一市人才服务战略合作框架协议》，使合作各方努力促进区域内人才的合理流动，加强数据协同和资源共享，实现苏、浙、皖、沪三省一市人才需求信息的互联互通和实时查询。“十三五”时期，科技人才在三省一市跨区域流动达到165万人次。截至2022年9月，从上市企业投资流向看，长三角地区1914家上市企业向区域内4381家企业异地投资；从投资机构投资流向看，长三角地区获融资企业数超过1.2万家，主要集中在科学研究与技术服务、软件和信息技术服务、专业技术服务等领域，充分体现了长三角不断整合产业链并促进资本要素高效流动。

（五）政府治理协同现状

按照《长三角地区政务服务“一网通办”试点工作方案》要求，依托三省一市的政务服务平台，长三角地区政务服务“一网通办”正式开通运行，强化长三角地区政务服务数据互通共享，加快整个长三角数字政务服务一体化进程。《长三角地区电子证照互认应用合作共识》推进了身份证、驾驶证、营业执照等高频电子证照在跨地区、跨部门、跨层级业务场景中的共享互认，实现了30类高频电子证照共享互认。截至2022年底，三省一市已基本实现人力社保全领域通用，在实现住院医疗费用直接结算基础上，长三角异地就医门诊费用直接结算已覆盖长三角41个城市和超万家医疗机构，自2018年9月试点至2022年6月，累计直接结算超940万人次。此外，超1300个文旅场所支持社保卡费用，140个政务服务事项在长三角41个城市跨省市通办。

二　长三角数字经济协同发展存在的问题

（一）长三角一体化程度和数字经济协同发展顶层设计的有效性待提高

长三角一体化发展自2018年11月上升为国家战略，迄今为止已有近五年时间，一体化程度仍待提高。帮助发展较慢的省市发展，短期内可能会拖慢发展较快的省市的发展进程，影响每年政府绩效的评估结果。根据官员“晋升锦标赛”理论，这会导致发展较快的省市对于数字经济协同发展在思想上、行动上不够积极，加大了实现协同发展的难度。① 目前，三省一市签订的《共同推进长三角数字经济一体化发展战略合作协议》，不具备足够的约束性，导致三省一市发展数字经济的协同性不足。长三角数字经济协同发展的顶层设计存在短板，未有国家战略层面的长三角数字经济协同发展方面的规划，也没有建立相关组织机构来推动与监督长三角数字经济协同发展的落实。

（二）长三角数字经济发展的功能定位与分工待清晰

由于资源相似、区位相近，长三角很多中心城市在发展数字经济方面定位类似。比如，上海与杭州均定位为国际金融科技中心，杭州和南京均定位国际软件名城，上海、杭州、苏州、合肥均获批国家新一代人工智能创新发展试验区。这导致长三角数字经济发展竞争大于合作，不利于协同发展。长三角中心城市间关于数字经济发展的分工不明确，产业结构相似度高，产业梯度特征不明显，更多地呈现同质化竞争，新设立的一大批专门研究机构和产业园区，重点支持的产业均为新能源汽车、集成电路、新型显示、生物医药

① 刘治彦等：《长三角更高质量一体化面临的问题与策略》，《企业经济》2022年第10期。

等，且独立建设占比较高，容易导致重复建设、产能过剩、过度竞争。

（三）长三角支撑数字经济发展的要素资源分布不均衡

长三角地区经济发展梯度依然明显，“强者愈强，弱者愈弱”的极化现象依然存在。① 上海、江苏和浙江这些沿海省市营商环境优越、经济实力雄厚，对内陆地区虹吸效应显著。安徽省向省外流失了大量的生产要素，导致经济实力在长三角地区处于弱势地位，使数字经济发展相对缓慢。在人才方面，根据《长三角地区数字经济与人才发展研究报告》，上海、杭州、苏州的人才净流入比重最高，且杭州是最吸引数字经济人才的城市，而合肥人才保留率较低。② 在科研资源方面，长三角地区 80%的高校、科研院所、大型科学仪器与装置、重点实验室等集中在少数中心城市。在政府投资方面，上海、江苏和浙江政策资金投放量较大，安徽的政府投资相对不足，使得数字基础设施完善程度不如上海、江苏和浙江，进而影响了其数字产业化、产业数字化的推进。

（四）长三角地区科技创新协同水平待提高

数字经济的发展需要科技创新的支撑。数字经济的协同发展必然需要科技创新以实现协同发展。上海、杭州、合肥、南京等均为科技创新要素集聚的城市，但是，由于行政壁垒，长三角地区整体上仍然存在科技创新资源分散、科技创新协同水平待提高等问题。尽管长三角地区已经设立长三角国家技术创新中心，搭建了“长三角科技资源共享平台”，形成科技创新资源开放共享的良好态势，但三省一市的数字技术、专利等数据库仍没有实现开放共享。另外，从相关法律和政策看，在科技资源共享中还没有规定相关部门的权

---

① 巫英等：《长三角创业生态系统发展现状、问题及对策研究》，《中国国情国力》2022 年第 3 期。

② 清华大学经济管理学院互联网发展与治理研究中心等：《长三角地区数字经济与人才发展研究报告》，长三角数字经济与人才发展高峰论坛，2018 年 10 月。

限、义务和责任，也缺乏具体的运作机制，使得实际操作难以进行。[①]

第五节　长三角数字经济协同发展的遵循原则及政策建议

一　遵循原则

（一）改革引领，创新驱动

作为新时代改革开放新高地，长三角地区要加大改革力度，破除条条框框、思维定式束缚，消除隐形壁垒，破解影响数字经济协同发展的深层次矛盾和问题，加快建立有利于推动数字经济协同发展的体制机制。数字经济对科技创新水平有着极高的要求，所以长三角地区还要强化创新驱动，以科技创新为核心，建立健全区域创新体系，整合区域创新资源，形成长三角协同创新共同体。[②]

（二）优势互补，协同发展

上海市、江苏省、浙江省、安徽省要进一步明确自身的功能定位，充分发挥各自比较优势。要充分利用长三角各地区的比较优势，发挥上海龙头带动作用，江苏、浙江、安徽各展所长，加强跨区域协调互动，形成分工合理、优势互补、各具特色的协调发展格局，提升长三角地区数字经济整体综合实力。

（三）市场主导，政府引导

长三角地区要加快完善市场机制，充分发挥市场在资源配置中的决定性作用，有序推动数字经济协同发展，促进生产要素在更大

① 周正柱等：《协同创新背景下长三角区域科技创新一体化发展》，《科学发展》2020 年第 11 期。

② 天津经济课题组等：《京津冀协同发展进行时》，《天津经济》2015 年第 11 期。

范围内有序流动和优化配置。① 加大简政放权力度，切实转变政府职能，更好发挥统筹协调、规划引导和政策保障作用。

（四）整体规划，分步实施

长三角各地区要打破“一亩三分地”的思维定式，加强数字一体化战略设计，推进布局调整，明确实现总体目标和重大任务的时间表、路线图，研究制定科学管用的实施方案，分阶段、有步骤地加以推进长三角数字经济协同发展。

（五）统筹推进、试点示范

长三角地区要立足现实基础和长远需要，把握推动数字经济协同发展的节奏和力度，不搞齐步走、平面推进。协同发展并不是要求长三角各地区从同一起跑线、同一速度发展，而是要求发展较快的地区对发展较慢的地区给予经验、资金、人才等方面的支持，②对已达成共识、易于操作的领域率先突破，选择有条件的区域率先展开试点示范，发挥引领带动作用。

二　政策建议

（一）做好数字经济协同发展顶层设计

长三角数字经济协同发展，难点在于打破三省一市的行政区划限制，协调各方的利益并保障协调工作执行有力。长三角数字经济协同发展，要上升到国家和地方政府战略层面。

在国家战略层面，国家应出台类似长三角数字经济协同发展规划或实施意见的文件，强化长三角一盘棋的数字经济顶层设计，引导各省市实现差异化布局、错位化竞争、产业化集聚；国家相关部委要加强对长三角数字经济协同发展的指导，尽快形成国家部委与

① 孔令丞等：《长三角区域一体化扩容、协调集聚与区域创新》，《财经研究》2022年第12期。

② 刘娟：《区域一体化视域下长三角数字政府协同建设的价值、困境与策略》，《湖南社会科学》2023年第1期。

三省一市的区域会商制度，协调解决数字经济政策制定、重大专项实施等关键问题；国家尽快出台规范数据产业链和数据市场发展的法律法规，为长三角地区数字经济产业链的融合发展提供规范制度保障，引导培育数据要素市场协同发展。

在地方政府战略层面，参考长三角科技创新共同体建设办公室的建立，组建长三角数字经济协同发展办公室，由各地分管数字经济的省级领导轮流担任办公室主任，推进数字经济协同发展；建立长三角数字经济协同发展试验区，推动试验主体向市区县级下沉，聚焦新基建、数据治理、数据要素市场培育等发展主题。

（二）明确“三省一市”数字经济协同发展目标和定位

三省一市要根据现实基础和各自优势明确数字经济发展的目标和定位，进一步优化城市的竞争合作格局，从而融入实现长三角数字经济协同发展的总目标中。上海作为长三角城市群的中心城市，拥有众多行业龙头企业，发展比较均衡，可以致力于发展综合性总部经济和数字中心建设，引领整个长三角的发展，起到全面统筹的作用，着力推动长三角地区跨区域分工协作，发挥、整合长三角地区产业优势，实现长三角数字经济协同发展。江苏省、浙江省、安徽省在积极接受上海发展引领的同时，江苏要紧扣“一体化”和“高质量”两个关键，深化数字经济分工合作，扬长避短，把自身优势变为区域优势，提升区域发展的整体效能和核心竞争力；浙江要利用数字经济领先优势，与沪苏皖一道，共同谋划建设长三角数据中心等一批数字基础设施，共同培育云计算、人工智能、数字安防等一批世界级数字产业集群；安徽要以培育长三角世界级产业集群为牵引，积极承接沪苏浙数字产业布局和转移，[①] 高水平打造皖北承接产业转移集聚区，培育具有国际竞争力的数字企业；同时携手沪苏浙联合开展关键数字经济核心技术攻坚，力争取得更多引领性

① 黄徐亮等：《长三角地区产业转移特征及其影响因素》，《经济地理》2023年第1期。

原创成果重大突破。三省一市通过数字经济纽带和清晰的区域职能分工，实现长三角内部的合理分工协作，进而推动数字经济协同发展。

（三）打造数字经济协同发展优势产业集群

一是要坚持“政府主导、市场主体”的多元复合主体模式，融合政府“有形之手”与市场“无形之手”，遵循数字产业发展规律，在上海建立数字经济优势产业协同管理部门，实现长三角数字经济产业链的空间优化分布与梯度合理转移。二是通过建立数字经济创新发展试验区、产业飞地、一体化示范区等多层次、多模式的数字经济合作平台载体，加快打造创新型数字经济优势集群。三是在夯实数字化基础设施的基础上，以新一代信息技术和制造业为突破口，依托长三角地区的协同联动，推行多领域数据的联通共享，增进大数据应用合作，加快构建云计算、大数据、人工智能、5G 等新一代信息技术优势产业集群，提升物联网、高端软件、智能硬件等产业链的融合优势，协同抢占新技术研发和产业化制高点。四是发挥三省一市自身的数字产业自身优势，以建设世界级人工智能、智能制造、电子信息、数字安防、物联网产业集群为目标，加强各地区的产业集群联动合作，推动优化重点产业布局和产业链深度融合，构建全球数字经济产业新高地，形成国际竞争新优势。

（四）促进数字经济生产要素资源合理配置

长三角数字经济协同发展，关键是有效促进区域内人才、技术、资金等数字经济生产要素的共享共用。① 一是三省一市要充分考虑头部城市土地价格、生态环境压力等因素，有效发挥周边城市的比较优势，促进数字经济要素市场一体化。二是各地政府应推动数据分类分级，健全各类数据的开放管理机制，相应地建立数据共享平台，方便三省一市实现数据互通共享。三是积极探索区块链、边缘

① 谢侃侃：《数字共治视角下长三角城市群协同治理的主要实践与对策分析》，《技术经济》2023 年第 2 期。

计算等新兴数字技术在数据共享方面的应用，推动企业之间的生产关系适应数字经济发展转型，为长三角不同数字企业技术合作和要素转移打下基础。[①] 四是各级政府应尽快制定与数字经济发展规划相配套的数字人才发展规划，以规划引领不同地区数字人才的共享合作，培养与苏浙皖沪优势产业链相匹配的人才团队，不断优化数字人才资源结构，定期进行不同地区人才交流沟通和人才共用，实现长三角人才要素共享。

（五）提升数字经济协同发展创新功能

长三角数字经济协同发展需要充分整合跨省市创新资源，将创新资源优势有效转化为产业竞争优势。一是在推动协同创新过程中制订共同的行动计划，联合多方主体，统筹建设共性技术研发中心，共同设立重大专项资金，推动重点数字经济行业领域关键核心技术突破，完善重大政策和专项基金的事前评估和事后评价制度，提高决策水平。二是强化长三角科技资源共享服务平台作用，推动跨省市的重大科研基础设施、大型科研仪器、科技文献、科学数据等资源的开放共享。三是建立创新资源信息管理和购买服务共享机制，形成一批集合科研创新、技术孵化等功能的高水平产学研共用平台，各地区集合出资设立数字经济产业投资基金，帮助实现跨区域科技成果转移转化。四是构建公平透明高效的多元协同监管体系，把长三角地区的数字技术优势应用在平台治理与监管中，针对不同类型的数字共享平台实行差别化监管、精准施策，充分发挥共享平台的创新优势，提升长三角数字经济协同发展的创新功能。

---

① 戚聿东等：《数字经济下数据的生产要素属性及其市场化配置机制研究》，《经济纵横》2020 年第 11 期。

06

第六章

长三角产业创新的金融支持

进入新发展格局时代，中国经济已经由高速增长阶段转向高质量发展阶段，金融作为推进中国经济持续增长的重要手段，是实现经济高质量发展的润滑剂，党的十八大以来，深化金融供给侧结构性改革，平衡好稳增长和防风险的关系，一系列金融改革发展措施有序推动了中国金融业的健康发展。金融业的改革使金融产品的创新成为常态，在互联网、物联网、人工智能、5G 等技术的孕育下，新金融的功能和属性不断与时俱进，金融支持创新更成为一个被广泛关注的话题。创新作为发展的源动力，是推动中国产业升级、技术进步、产品研发的关键因素，因此，国家开展“加快打造具有全球影响力的产业科技创新中心，建设若干具有强大带动力的创新型城市和区域创新中心”行动，目前，78 个国家创新型城市建设已经取得显著成效，成为立足新发展阶段、贯彻新发展理念、构建新发展格局、推动高质量发展的核心力量。

第一节　金融支持长三角产业创新的理论基础

现代金融发展理论认为金融发展是金融部门发挥其资源配置功能，促进资本积累和产业创新以促进产业发展，进而提升经济发展水平。产业创新是产业发展的引擎，实际运行中需要大量的资金和资源投入，其发展动能离不开社会金融体系的支撑。熊彼特的现代创新理论较早地探讨了创新在经济发展中的作用，其围绕产业发展周期和创新驱动分析了经济增长的途径，同时也关注金融体系等外部支撑对产业创新的重要作用。因此，从理论上分析金融支持产业创新发展，离不开创新理论和金融发展理论。本书从梳理两大理论的发展脉络和主要观点出发，为金融支持产业创新的相关研究提供理论分析基础。

一 产业创新和金融支持的相关理论

（一）熊彼特的动态竞争和创新理论

瓦尔拉斯的一般均衡论将技术水平设定为不变的外生变量，生产要素在价格机制的作用下进行资源配置，以实现经济的均衡，但这种模型是一种静态的模型。熊彼特的动态竞争理论来源于瓦尔拉斯的一般均衡论，但在其基础上进行了模型的进一步拓展。其改变了静态的模型假设，认为经济的发展是不断波动的，静态均衡是一种理想状态，无法适用于现实经济。熊彼特的动态竞争理论就是把经济发展看作动态演进的过程，将动态变化内生为经济发展的一个变量，并认为这种动态变化是由创新引起的。创新促进了新兴产业的发展，同时推动旧的传统产业的淘汰，在此过程中实现生产效率的提升和经济社会的迅速发展。

1. 传统的熊彼特的动态竞争和创新理论与产业发展

熊彼特将创新定义为一个新的生产变量，通过引入全新的产品和全新的生产方式、打开新的市场、控制新的供应渠道、建立新的产业组织形式等实现创新发展，以获得更多经济利益。创新就是要不断实现新要素组合，淘汰旧的要素组合方式，在市场机制条件下，促进资源的不断优化配置，实现更高水平的市场均衡，推动经济内生发展。创新和产业发展的关系是熊彼特创新理论考察的重点之一。产业中的企业异质性普遍存在，在同一产业内部甚至是不同产业之间，差异化塑造了激烈的市场竞争态势，而竞争的结果是部分企业被淘汰，部分企业成长并获得绝大部分利润。竞争主要是通过市场主体对创新的演进与紧跟创新的模仿和适应性调整进行的。创新是竞争的主要手段，而创新的动力主要来源于企业获取超越对手的比较利益阻碍新进入者进入行业，进而形成市场的垄断以攫取超额利润。从竞争结构出发，熊彼特分别在《经济发展理论》与《资本主义、社会主义与民主》提出了两种创新与产业结构的创新范式，被后来的学者总结为熊彼特创新模式Ⅰ和熊彼特创新模式Ⅱ。熊彼特创新模式Ⅰ主要是针对环境复杂、进入门槛低，大致处于完全竞争态势的产业，创新主要来源于新进入企业，产业内竞争模式主要是“长江后浪推前浪”，即新进入企业淘汰原有企业。熊彼特创新模式Ⅱ主要针对环境稳定、进入门槛高、大致处于不完全竞争态势的产业，创新主要来源于在位的大型企业，产业内竞争模式主要是“创造性的累积”，即不断增加创新投入巩固自身技术优势，实现创新的“间接垄断”。

2. 新熊彼特主义的创新理论与产业发展

20 年代后期，创新和产业发展的关系研究逐渐成为焦点。Dosi 认为创新和产业发展有密切的联系，且这种联系是多维的，包括大幅创新引起产业发展的长期不确定性、存量技术更新造成的时间影响，以及创新的跨产业差异等。① Malerba 基于系统完整的创新分析框架，完整考察了产业的发展与创新。② 围绕创新和产业发展这一主题，新熊彼特主义拓展了产业动态发展和创新理论。一方面，从计量经济学分析角度，诸多学者对二者的关系进行了实证分析，如关注产业内部异质性对创新的影响和诸多外部因素（如风险资本、外部制度等）对产业创新起到的影响等。另一方面，对于创新作用与产业发展的机制，学者们也进一步拓宽了模型适用范围，以清晰刻画这种作用机制。比较著名的是马尔科夫最优均衡模型。Ericson

① Dosi, G., “The Nature of the Iinnovative Process”, In Dosi, G., Freeman, C., Nelson, R., Silverberg, G. and Soete, L. Eds, *Technical Change and Economic Theory*, London: Pinter Publishers, 1988, pp. 221-238.

② Malerba, F., “Sectoral Systems of Innovation and Production”, *Research Policy*, Vol. 31, 2002, pp. 247-264.

等构建了积极学习假设模型，通过设定三个基本假定，论证了一个动态寡头模型的马尔科夫最优均衡。① 新熊彼特主义对于创新理论和产业发展的研究主要着眼于创新能力的异质性，认为不同的学习能力和创新能力是导致创新能力存在差异的最主要因素，其对产业发展的促进作用占据主导地位。

（二）内生增长理论体系下的金融发展理论

早期金融发展理论主要探讨金融结构、金融抑制以及金融市场化对宏观经济的影响，其核心是将金融要素作为经济增长的外部变量，考察金融和经济发展之间的联系。随着经济理论的发展和进步，到20世纪末，内生增长理论的提出开创了全新的研究视角，学者们将金融要素作为经济增长的内生变量纳入考量。同一时期，金融在经济发展中的功能作用也在逐渐拓展，随着微观金融的研究深入，金融不再局限于资金的融通，而是逐步拓展到资产配置和价格发现等领域。借助内生增长理论，金融发展理论的拓展逐步从内生角度探讨金融发展的根源，并从金融功能和金融结构两个层面展现金融发展的内涵。

1. 金融功能与金融发展

金融功能是金融领域研究的不变主题，早期学者基于发展经济学框架对金融功能进行了诸多探讨，内生增长理论出现后，相关的研究也快速涌现。Bencivenga 等首先将多种资产引入内生经济增长模型中，以研究金融的中介作用是否能够提升低流动性生产资本在储蓄中的占比，进而促进原始资本积累和经济持续快速发展②。Greenwood 等运用内生增长模型考察了金融的资源配置功能，并主要分析了其与经济发展的相关关系，研究发现，金融市场在不完全市场条

① Ericson, R., and Pakes, A., “Markov-Perfect Industry Dynamics: A Framework for Empirical Work”, *Review of Economic Studies*, Vol. 62, 1995, pp. 53-82.

② Bencivenga, V. R., B. D. Smith, and R. M. Starr, “Transactions Costs, Technological Choice, and Endogenous Growth”, *Journal of Economic Theory*, Vol. 67, Nxo, 1995, pp. 153-177.

件下的金融中介效率更高。[①] Greenwood 等将信息验证框架纳入模型考量，通过观察金融市场对企业投入资源所带来的回报，研究金融促进经济增长的模式，研究发现，技术进步会促使金融市场逐渐转向竞争均衡市场，进而实现促进经济发展的目标。[②] Levine 进一步细化了金融对资源配置和经济发展的作用功能，他主要从五个方面考量了金融功能：促进投资和生产、优化资本配置，通过融资活动监督指导融资当事人的经济活动，加强金融风险防范与管理，刺激储蓄增长，提升商品交易和服务贸易。[③] 并且他认为，金融的五种功能相互影响、相互联系，只有充分发挥五种功能，金融发展才能高效地促进储蓄投资提升，以更有效促进经济增长。

2. 金融结构与金融发展

早期的金融发展由于形式种类较少，金融结构的研究并没有引起广大学者的注意，仅有部分学者对金融结构进行了初步探讨。随着 20 世纪中后期金融市场的快速发展和金融产品的大量衍生，内生增长理论框架下，金融结构也成为学者关注的重点，金融结构的定义也产生了变化。内生增长理论认为经济发展的内在交易成本是多样化的，而这与不同经济体的法律制度、政策机制等相结合会形成不同的金融市场、金融组织和金融产品，这也是不同金融结构产生的来源。诸多学者对此进行了归纳，普遍认同两种模式的结构框架：以市场为主导的金融体系和以银行为主导的金融体系。前者主要集中在发达国家，金融市场以市场主导的直接融资为主；后者多形成于发展中国家，以银行主导的间接融资占据金融市场的大部分比例。对于哪种模式更能促进经济发展，也成为诸多学者关注的焦点。Boot 和 Thakor 认为在当前信息不对称市场条件下，银行主导的金融

---

① Greenwood, J., J. M. Sanchez and C. Wang, "Financing Development: The Role of Information Costs", *American Economic Review*, Vol. 100, Nxo. 4, 2010, pp. 1875-1891.

② Ibid..

③ Levine, R., "Finance and Growth: Theory and Evidence", *Handbook of Economic Growth*, Vol. 1, part a, 2005.

体系有助于防范和缓解金融市场的逆向选择和道德风险，① 进而提升金融的资源配置效率，更好地促进经济发展。Joyce 和 Nabar 也验证了这一点。② 然而持有市场主导观点的学者并不这样认为。Allen 等③和 Levine④ 认为金融市场化对加强风险管控、推动产业技术创新具有积极作用，健全的金融市场能够提供多元化的金融产品和风险管理工具，进而促进金融市场在风险管理和快速发展上更具优势。另有部分学者认为金融结构与经济增长无关，只要金融市场健全完善且较少地存在融资约束，金融结构具体如何并不重要。Stulz 等⑤和 Beck 等⑥运用严密的实证分析验证了这一点。

3. 金融发展与产业创新

内生增长理论认为金融发展主要通过促进资本结构优化，提升生产效率和创新水平，因此产业技术创新是金融发展促进经济发展的重要渠道。鉴于金融发展的研究主要从功能和结构两方面开展，金融发展支持产业创新的研究同样延续这两方面展开。金融功能主要在于资源配置，由于金融机构掌握了更多的产业发展信息，因此在产业发展过程中拥有“选择权”，为规避风险、降低金融风险选择更先进的产业支持，进而促进产业创新的发展。Aghion 等⑦选取必

---

① Boot, A., Thakor, A., "Self - interested Bank Regulation", *American Economic Review*, Vol. 83, No. 2, 1993, pp. 206-212.

② Joyce, J. P., Nabar, M., "Sudden Stops, Banking Crises and Investment Collapses in Emerging Markets", *Journal of Development Economics*, Vol. 90, No. 2, 2009, pp. 314-322.

③ Allen, L, Jagtiani, J., "The Risk Effects of Combining Banking, Securities, and Insurance Activities", *Journal of Economics and Business*, Vol. 6, 2000, pp. 485-497.

④ Levine, R., "Financial Development and Economic Growth: Views and Agenda", *Journal of Economic Literature*, Vol. 25, No. 2, 1996.

⑤ Stulz, R. M., "Financial Structure, Corporate Finance and Economic Growth", *International Review of Finance*, Vol. 1, No. 1.

⑥ Beck, T., Levine, R., "Industry Growth and Capital Accumulation: Does Having a Market-or Bank-based System Matter?" *Journal of Financial Economics*, Vol. 64, 2002, pp. 147-180.

⑦ Aghion, P., Peter Howitt, David Mayer-Foulkes, "The Effect of Financial Development on Convergence: Theory and Evidence", *The Quarterly Journal of Economics*, Vol. 120, 2005, pp. 173-222.

须通过创新面对宏观冲击以获得长期利益的企业，研究其获取金融服务的能力以间接考察金融对创新的促进。研究认为，金融体系越完善，企业创新的积极性越高，这是因为金融支持分散了创新的风险，降低了企业研发成本，进而促进经济发展。部分学者认为金融结构同样对产业发展有正向影响，刘骁毅①基于对1978—2011年中国宏观经济发展的实证分析发现，无论从长期还是短期看，金融结构与产业发展之间均存在着稳定的双向因果关系。罗超平等②则认为长期来看金融结构对产业升级存在显著影响，但是短期来看其影响较为有限。

二　金融支持产业创新的必要性

（一）产业创新活动的市场失灵需要金融支持

产业创新活动的市场失灵主要体现在：外部性、公共品属性、不确定性和风险因素、信息不对称以及创新的路径依赖五个方面（详见表6-1）。创新活动的市场失灵要求有外在力量介入引导创新活动的开展，从而降低市场失灵的损害，而金融支持又是其中兼具市场和政府双重属性的重要力量。

表6-1　　　　市场失灵的种类及其主要表现

市场失灵	主要表现
创新的外部性	由于产权保护的缺失、人员的流动、市场溢出等因素导致部分企业可以在没有市场交易条件下无偿获得其他企业的技术创新成果
创新的公共品属性	知识产品在使用上具有非竞争性且部分具有占有上的非排他性，使得创新的公共品属性持续存在

① 刘骁毅：《中国金融结构与产业结构关系研究》，《财经理论与实践》2013年第3期。

② 罗超平等：《金融发展与产业结构升级：长期均衡与短期动态关系》，《中国软科学》2016年第5期。

续表

市场失灵	主要表现
创新的不确定性和风险因素	创新活动包括产品设计、实验、开发及商业化等，而其中每一个环节均存在较大的不确定性，一是创新技术的不确定性，二是市场的不确定性，这都给企业带来了风险因素
创新的信息不对称	主要体现在政府、金融机构、投资者、消费者、企业等主体之间的信息不对称，可能导致逆向选择和道德风险
创新的路径依赖	技术创新存在自我强化效应，体现在技术创新在使用过程中不断自行优化，形成固化的技术路线，这导致创新活动存在局限，并不一定是有效率的

创新活动的外部性需要金融体系的运行机制规制。创新活动的效益外溢一定程度上提升了国家和社会的整体福利水平，但是长久来看，其影响是负面的。创新外溢不仅体现在企业层面，对于产业而言，创新外溢也存在一定的负面效应，创新活动的外部性可能导致企业缺乏创新动力，产业缺乏创新发展活动。而金融机构参与的创新活动对于其外部性可以起到一定的抑制作用。一方面，金融机构的相对强势地位可以更好地保护知识产权，并在一定程度上抑制创新外溢；另一方面，金融体系对创新活动有积极的促进作用，可以弥补企业创新外溢的部分损失，进而促进企业和产业的创新活动焕发活力。

创新活动的公共品属性需要金融体系支持。创新的成果（尤其是基础研究理论）往往是没有排他性的，因此缺少支持的创新活动很少被产业中的企业所顾及，而大部分中小企业实力弱小，若缺少金融支持，基础理论研究和中小企业创新活动会被市场极大地抑制。因此，金融支持产业创新是必不可少的一环，也是提升创新动力的重要引擎。

创新活动的不确定性和风险因素需要金融支持。创新活动具有高风险性，对于以追求利润最大化为主要目标的企业而言，创新带来的利润是不确定的，创新的投入产出也是具有极大风险的，所以，一般企业出于规避不确定性和风险因素的目的不愿意投入创新活动，这就需要金融的大力支持。一方面，政策性金融引导资金流向产业创新领域，进而激活企业创新活力；另一方面，市场金融对于部分企业提供融资支持也降低了企业的研发投入压力，促进企业创新和产业升级。

创新活动的信息不对称需要金融体系的市场引导。产业创新活动的不对称导致企业管理者只能通过激励措施控制技术创新或者被动接受技术创新成果。这有可能导致逆向选择和道德风险。一方面部分企业为了获得更多的利润，盲目选择不适于创新的项目，造成资源的浪费和投资者的损失；另一方面，创新产业链中的利益相关者可能过度美化创新成果，以获得持续大量的投资和更多的市场份额，一旦创新成果曝光可能给利益相关者造成重大损失。金融体系的介入引导可以发挥金融机构的信息获取便利引导产业创新发展流向，促进创新活动的信息共享，以弥补市场的缺失。

创新活动的路径依赖需要金融支持破解。创新的路径依赖可能导致市场的创新选择是无效的，一些大型企业可能把低效率的技术基于其垄断地位强加给消费者，造成社会资源的浪费和整体福利的损失。为破解产业创新的路径依赖，国家出台系列金融政策支持产业创新，如 2023 年 6 月国家出台的《加大力度支持科技型企业融资行动方案》，引导金融机构根据不同发展阶段的科技型企业的不同需求，进一步优化产品、市场和服务体系，为科技型企业提供全生命周期的多元化接力式金融服务，引导资金投向多维创新领域。

（二）长三角地区产业创新发展战略需要金融支持

《长江三角洲区域一体化发展规划纲要》提出，到 2025 年，科创产业融合发展体系基本建立。区域协同创新体系基本形成，成为全国重要创新策源地。优势产业领域竞争力进一步增强，形成若干世界级产业集群。进入 21 世纪以来，创新发展战略地位不断提升，长三角地区作为全国创新产业发展的引领者，是试行改变中国粗放发展模式，减少能耗和减低污染，探索低碳可持续发展路径的重要地区。由于创新活动的高风险性，创新发展战略的实施需要金融体系的大力支撑，引导市场创新发展方向，提升创新活力和动力，加快产业创新步伐。完善的金融体系是创新的基础。诸多学者的研究表明，完善的金融体系对创新的作用是多方面的。一方面金融体系在经济活动中起到资源配置的作用，可以促进资金向发展前景广阔、创新潜力大的产业流动；另一方面，金融支持可以分担创新的风险压力，促进信息共享并进行更优层次的激励和约束。

三　金融支持产业创新的作用机理

（一）资本引导

金融支持产业创新的一个主要作用渠道是资本引导。通过引导资本流向高效率、高附加值的产业刺激企业创新活动，进而支持产业创新发展。主要有以下两种途径。一是通过政策性金融支持，基于国家信用，采用市场化运作方式，为特定产业或领域提供低息贷款，降低企业创新的融资成本，提升产业信息共享程度，为产业创新提供支撑。其主要通过财政资金支持和政策引导功能促进创新，是财政作用和市场功能的结合体。政策性金融支持主要选取市场机制失灵或滞后的产业或领域，如初创期的中小企业和前期资金需求大的产业领域等。二是通过发挥市场机制为创新企业提供信贷支持或资本引导，完成资本向产业创新领域的集中。其主要通过建立完善的多层次资本市场，引导民间资本投入风险投资领域，支持资本市场发展，吸纳创投资源等方式，满足产业创新的资金需求，促进地区产业发展。

（二）风险管理

创新活动面临的不确定性和风险因素主要包括两类：一是流动性不足的风险，即产品研发的高昂费用占用较多流动资金，导致企业流动资金在研发和生产中的分配无法协调，一旦流动性不足，可能导致创新活动中断、前期的投资无法回收等困难。二是技术创新前景的不确定性导致的风险因素，即产品研发遇到困境无法按原有路线继续或产品研发过程相对滞后以致市场上其他竞品提前上市等风险。风险管理就是金融支持产业创新的另一重要渠道。一方面，金融支持通过完善金融体系、提供多样化的融资工具和灵活的融资期限，化解企业创新活动中的流动性不足的风险，减少流动性冲击对企业的危害。另一方面，金融支持帮助产业中的创新企业融资，将整体风险分散给不同的投资者，使得研发过程中不同环节的风险分散可承担，降低了企业在遭遇技术创新前景不确定风险的损害程度，有效避免风险的集中。

（三）信息共享

由于创新活动涉及多个环节，且兼具复杂性和专业性的特点，单个投资者往往无法掌握企业的相关信息，这就加大了资金流向创新活动的阻碍。金融支持产业创新可以有效缓解投资者和企业之间的信息不对称，扩大企业获得资金途径。一方面，金融机构往往具备专业的评估技巧和评估团队，更容易获得企业创新活动信息，其投资导向作用更容易被投资者接受。另一方面，金融市场通过价格机制、交易量、交易频次等方面提供多样化的企业审查机制，帮助投资者更有效地筛选信息，促进市场信息共享。因此，金融支持不仅减少了创新活动的资金短缺顾虑，同时改善了信息不对称问题，为投资者创造了良好的市场环境，激发投资者的投资兴趣，引导资金流向，促进产业创新活动的进行。

第二节　长三角地区产业创新发展的金融支持机制

上文介绍的金融支持产业创新的相关理论、必要性和作用机理等是本章研究的重要基础，本节内容主要介绍产业创新发展的金融支持机制，机制是金融支持内部要素和外部环境相互作用的逻辑关系。良好的作用机制有助于提升金融支持产业创新发展的内外部效果，促进资源的进一步优化配置。对于金融支持机制的分析主要从其内涵、构成以及影响因素三个方面展开。

一 产业创新发展的金融支持机制内涵

机制主要用于描述系统内部运行规律和运行逻辑。在系统论表述下，由于完整的系统具备各种子系统，其子系统相互作用的过程和方式及作用关系就是系统运行机制。延伸到经济学领域，机制主要指经济社会中各种要素的相互联系、作用方式和影响过程。产业创新发展的金融支持机制内涵是指社会金融体系在支持产业创新发展的过程中形成的相互关系、功能和制度安排，也就是金融主体和金融资源之间的结合关系，及其在产业创新发展过程中不同主体、不同阶段、不同产业以及不同用途上分配的逻辑关系。金融支持机制运行是否良好直接关系到产业创新发展的绩效。

二 产业创新发展的金融支持机制的构成

政府、市场和社会是经济活动中起到资源配置作用的三大宏观主体。新古典经济学强调市场在经济活动中的主体地位，认为市场是资源配置的最关键因素，其可以通过价格机制调节市场供需平衡，实现资源的最优配置，达成均衡状态。马克思政治经济学则强调政府的重要性，认为政府的宏观调控是弥补市场在现实经济活动缺失的重要手段。此外，政治经济学还强调政府权力不能超过社会的规制，也就是社会经济结构和社会文化所形成的体制约束。社会在资源配置中的作用在金融领域更为关键。可以看到，政府、市场、社会三者协同影响着金融资源的配置，金融资源和产业创新相互联系、相互作用形成相应机制，也就是金融支持机制（如图 6-1 所示）。因此，研究认为产业创新发展的金融支持机制主要包括三方面：政府机制、市场机制和社会机制。另外政府、市场、社会三者作用协调体系构成综合机制，作用于产业创新发展的金融支持过程中。

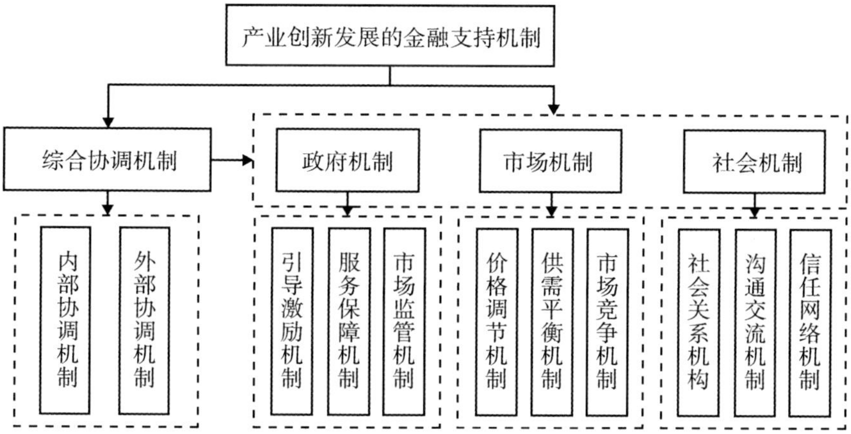

图 6-1　产业创新发展的金融支持机制

政府机制主要通过政策引导、市场监管、服务保障等方式，弥补金融支持产业创新发展状态下的市场失灵。市场机制主要通过价格调节、供需变化、市场竞争等实现金融支持产业创新的效果。社会机制主要通过社会关系、沟通交流、信任网络等社会功能实现金融支持在政府机制和市场机制双面失灵的功能补充。另外，综合协调机制主要通过对政府机制、市场机制和社会机制的有机协调（包括内部协调机制和外部协调机制）完善金融支持机制体系。

三　产业创新发展的金融支持机制影响因素

产业创新发展的金融支持机制受多方面影响，其中最主要的因素包括基础条件和发展水平、地区创新发展战略目标、金融生态环境以及市场化程度。

（1）产业发展的基础条件和发展水平。产业发展的基础条件和发展水平直接影响金融支持产业创新的方式和效果。产业发展的基础条件覆盖范围较广，包括人才素质、产业发展程度、技术实验水平、资金充裕程度以及信息化水平等，这些都可能对创新产生较大的影响，通常情况下，产业发展的基础条件越好，发展水平越高，金融支持产业创新越容易发挥作用，支持的效果也越好。若基础条件差，发展水平低，则金融支持产业创新容易停留在较低的水平。

（2）地区创新发展战略目标。国内外实践表明，地区的创新发展战略目标对金融支持产业创新发展有着直接的影响，地区的产业发展主要驱动力是政府的，地区产业发展方向主要取决于地方发展战略目标。因此，地区创新发展战略目标决定了产业创新发展的金融支持机制能否顺利施行。地区创新发展战略目标越长远越明确，地方政府越发重视产业创新，地方产业主体参与程度越高，产业创新发展的金融支持体系越多样化、机制越健全，支持的效果就越好。

（3）金融生态环境。金融生态环境是对金融发展环境的一种概括，主要是指在特定的条件下，金融体系运行和发展的内外部环境。主要包括经济制度、法律制度、社会习惯、文化传统、价值观念、道德规范等。金融生态环境决定了产业创新发展的金融支持是否顺畅，通常情况下，良好的金融生态环境能够促使金融支持机制充分发挥作用，金融生态环境越好，产业创新发展的金融支持机制越容易持续稳定运行，金融支持的效率也就越高，效果也就越好。

（4）市场化程度。市场化程度是指市场在发挥资源配置作用中起到的作用水平。市场化程度影响市场机制作用的发挥，产业创新发展的方向确定后，创新能力的激励更需要市场机制发挥作用，因此市场机制对产业创新发展的金融支持效果影响较大。通常情况下，市场化程度越高，市场的信息不对称现象等越不明显，越有利于金融支持机制发挥作用。

第三节　长三角产业创新的金融支持发展的现状与问题

当前的产业发展方向和市场需求急剧变化，产业升级的关键在于提升先进技术、改造高新技术和转变传统产业，随着传统金融机构管制严、项目少、要求高等条件的限制，作为产业发展润滑剂的金融业也已经站在转型发展的风口之上。因此，面对产业发展和经济结构调整的转型期，长三角地区金融支持产业创新的方式亟须调整。

一　长三角地区产业创新的金融支持现状

（一）主要融资方式

2019 年 12 月，中共中央、国务院印发了《长江三角洲区域一体化发展规划纲要》。《纲要》指出，支持地方探索建立区域创新收益共享机制，鼓励设立产业投资、创业投资、股权投资、科技创新、科技成果转化引导基金。在上海证券交易所设立科创板并试点注册制，鼓励长三角地区高成长创新企业到科创板上市融资。2020 年 12 月，科技部印发《长三角科技创新共同体建设发展规划》，对相关支持政策进一步细化。产业创新的金融支持逐渐受到国家和地方重视。现阶段长三角地区产业创新的金融支持主要有以下几种方式：科技财政投入、直接融资、间接融资和风险投资。

科技财政投入主要通过直接投入、设立地方政策性创新创业基金及成果转化基金、信贷保险补贴等方式提升产业创新的金融支持力度。直接融资主要为上市融资或设立基金保障。针对科创企业上市长期以来普遍存在上市周期长、注重硬性指标等问题，2015 年国务院印发了《关于大力推进大众创业万众创新若干政策措施的意见》（国发〔2015〕32 号），支持科创企业上市或发行票据融资，极大提升了创业板和新三板的包容性和扩容速度，给予了科创企业上市较大的便利性。政府引导基金发展也较为迅速，上海市创业投资引导基金（截至 2019 年 8 月）管理或参股基金规模达 696 亿元，利用自有资金直接投资科创基金达 47 家。江苏省政府投资基金也先后于 2018 年被中国投资协会创投委评为“中国创投 20 年最佳省级政府引导基金第一名”，2019 年被清华大学科技发展与治理研究中心评为

“2018 年中国政府引导基金 30 强” 前三甲。浙江省杭州市创业投资引导基金和浙江省级政府产业基金分别位列第六和第八名。可见，长三角地区产业引导基金均处在全国前列。但由于引导基金限制条件较多，在促进产业创新的支持上具有较多的障碍，覆盖面较窄。间接融资是当前金融支持产业创新的主力，这是由中国现阶段以银行为主导的金融体系所决定的。而间接融资贵、融资难的问题始终存在，科创企业的融资需求缺口仍较大，这与科创融资的特性是息息相关的，科技创新风险大，金融机构出于规避风险的角度对于起步期的科创企业的信贷相对谨慎，因而导致投入产业创新的资金额度相对有限。风险投资领域长三角地区各省市均设立天使投资基金，用于支持天使投资发展，鼓励风险投资投向创新领域。上海早在 2014 年和 2015 年即已出台《关于加快上海创业投资发展的若干意见》及《上海市天使投资风险补偿管理暂行办法》等政策文件，有力地促进了风险投资在科技创新领域的快速发展。

（二）风险管理措施

2019 年《长江三角洲区域一体化发展规划纲要》第九章第二节明确指出：“推动建立统一的抵押质押制度，推进区域异地存储、信用担保等业务同城化。联合共建金融风险监测防控体系，共同防范化解区域金融风险”。金融领域风险管理的传统形式有抵押质押、担保和保险等。由于科技创新公司普遍存在资产相对较少的缺点，传统的抵押质押融资在其融资总量中占比较少。担保和保险是近年在产业创新融资领域应用较多的风险管理措施，其中担保又包括政策性担保和市场性担保。长三角地区担保体系构建一直走在全国前列，政策性担保和市场性担保均保有较大体量。政策性担保主要通过设立政策性担保机构、设立融资担保代偿基金、出台担保风险补偿办法等方式促进担保业务发展。市场性担保主要是指遵循市场行为由社会资本设立的担保机构，旨在通过担保业务获得经营利润。由于民营经济的高度发展，长三角地区市场性担保机构较多，且大多与银行等金融机构建立了业务合作关系，这对担保事业发展有较大的推进，也在一定程度上保障了中小科创企业更容易获得资金融通。随着金融市场的发展和金融体系的完善，保险的重要性越来越凸显。2006 年在中国保监会和科技部的共同推动下，中国科技保险试点工作正式启动。长三角地区科技保险发展稳步推进，2018 年太平保险在浙江嘉兴地区设立全国首家科技保险公司。2019 年人保财险在上海成立科技分公司。诸多保险公司在长三角地区设立从事科技保险的专业分支机构，科技保险的发展虽然相对较晚，但是整体发展速度较快，逐渐会成为风险管理的重要手段。当前科技保险的发展亟待拓宽保障范围和保险种类，提升科技保险的支持补贴力度，以保障保险在金融支持产业创新中的风险防范作用有效发挥。

（三）金融服务现状

金融服务的两大基石是金融生态环境和金融市场监管，金融服务发展程度主要体现在金融生态环境的完善程度和金融市场监管的有效性。金融生态环境优化包括金融基础设施建设和提供。长三角地区金融发展起步早，发展程度较高，同样金融生态环境也逐步趋于完善。早在 2008 年，小额支付系统华东三省一市银行汇票业务在江苏省、浙江省、安徽省、上海市即正式运行；2010 年，上海市、江苏省、浙江省人民政府与中国人民银行共同签署了《共同推进长三角地区金融服务一体化发展合作备忘录》，主要内容有：大力支持长三角地区深入开展金融基础设施建设，鼓励创新业务先行先试，密切金融市场联系，加强长三角地区金融服务合作交流。同年，上海出台第一部地方金融法规《金融发展条例》。2016 年，长三角地区成为全国首个区域信用合作示范创建区，在金融征信基础设施建设、创新融资机制、优化融资结构等方面先行先试，为推动建立多层次、广覆盖的征信体系提供可复制推广的实践经验。2020 年 10 月，清华大学金融科技研究院长三角创新中心、省级数字金融产业集聚区在苏州正式揭牌创立。完善的金融基础设施促进长三角地区金融生态环境进一步优化。金融市场监管层面，长三角地区不断加强合作，持续推动创造完善的监管机制，提升监管效率。2019 年，长三角地区各地市人民银行分支机构在金融稳定、金融消费者权益保护、反洗钱可疑交易合作机制等方面深入合作，金融风险联合防范机制初步建立。如建立了反洗钱监管信息共享机制和联合工作机制，就非法集资、网络赌博、虚开增值税发票等涉众型洗钱线索开展了可疑交易联合分析研判；长三角地区金融消费纠纷非诉解决机制正式落地，建立了调解专家人才共享机制、信息交流预警机制、典型案例会诊制度等，探索在线纠纷解决机制，运用“中国金融消费纠纷调解网”，完成长三角地区跨区域调解“第一单”，助力防范化解区域金融风险；制定了《长三角金融稳定季度指数和重大风险事件共享方案》，按季度根据宏观经济和金融机构两大方面共 23 个指标数据，编制长三角金融稳定季度指数，共享各地区重大风险事件，加强长三角区域金融稳定信息共享。

二 长三角产业创新的金融支持问题分析

（一）产业创新的金融支持体系有待健全

长三角地区金融支持产业创新的发展处于全国前列，但现实中仍存在金融供给不足、结构失衡等问题。主要体现在以下两个方面。一是现阶段主导融资模式与产业创新的金融需求不匹配。中国的金融体系以间接融资为主导，但间接融资模式与产业创新的金融需求有着天然的错位，银行等金融机构的资金来源于居民存款，天然具有风险容忍度低的特点，但是产业创新的资金需求往往具有风险高、使用期限长等特点，往往超出间接融资的风险耐受能力，难以获得充足的资金支持。另外，产业创新的轻资产特征也使其难以提供充足的抵押担保，信贷可得性较差。以间接融资为主导的金融体系在产业创新的金融支持层面缺乏有效激励，导致金融产品和服务支持和创新发展缓慢，进而导致产业创新面临较大的融资约束。二是直接融资不足，主要指对产业创新有极大促进作用的风险投资和资本市场支持不足。风险投资、资本市场融资与产业创新的发展特征高度契合，但现阶段中国相关领域发展相较于发达国家明显滞后，长三角虽然作为中国相关体系建设的头部和引领者，也存在较大的提升空间，这主要体现在人才、机制、结构、政策等方面的不完善。一方面，风险投资人才稀缺且退出机制不完善，制约了风险投资市场的发展；另一方面，资本市场结构虽然近年来得到极大丰富，但门槛高的特点仍然存在，不利于发展潜力大、尚未实现盈利的创新创业企业上市融资。此外，债券市场准入条件严格、发债成本高也使其对产业创新发展的支持较弱。

（二）金融支持体系的协调机制尚不完善

金融支持体系的协调机制包括内部协调机制和外部协调机制，主要侧重于构建政府、市场、社会三大机制协调共生，外部环境和谐的金融支持体系。现阶段协调机制尚不健全，主要体现在以下两个方面。一是内部协调机制不完善，包括区域金融资源配置不均衡、要素流动不充分不平衡、政策和监管不协调等问题。内部协调机制的不完善导致金融创新失败容忍度较低，银行提供适配金融产品的动力不足。分业监管框架下客观上存在金融资源配置困难、要素流动不充分、金融监管政策协调困难等问题，导致难以及时有效地支持跨市场、跨机构的融合性金融业务和产品创新，削弱了金融机构服务产业创新的能力。金融监管差异化小，也在一定程度上抑制了中小银行的创新意愿。另外在现阶段审慎监管制度下，金融机构的风险容忍度较低，尤其是风险资本指标、贷款人坏账终身追责等制度在一定程度上限制了金融机构提供适配金融产品的动力。二是外部协调机制不完善，包括政策目标不一致、金融体系结构不够完善、金融生态环境有待优化等。政策目标不一致主要体现在扶持产业创新发展的相关政策协调性较弱，风险分摊机制不健全。政府引导基金存在传统国有企业广覆盖、缺乏重点支持等路径依赖，管理运营中由于缺乏与当地产业、财税、金融政策的协调统筹导致政策性目标与市场化需求脱节。金融体系结构不完善主要体现在市场化金融机构与非市场化金融机构比例不合理、风险共担机制尚未完全确立等问题。市场化金融机构是金融支持产业创新的主力，但实际仍需非市场化金融机构的政策引导。另外地方政府未能有效联合银行、保险、企业及评估中介机构共同构建风险分担机制，也导致金融支持产业创新发展缓慢。金融生态环境涉及法律法规环境、政策环境、金融产权、风险防范等方面。中国已经实施的金融法律包括《中国人民银行法》《商业银行法》《保险法》《合同法》等，近年来立法方面进展明显，但仍存在一些法律条款过时或约束力不强的问题；政策环境的优化效果已经初步显现，后续需加强政策的针对性和实效性；金融产权的逐步完善已极大提升了中国金融机构的工作效率，风险防范领域的缺失主要体现在社会信用体系的不完善，市场经济是一种信用制度高度发达的经济，中国经济由政府主导向市场主导转轨的过程同时也是逐步完善社会信用体系的过程，现阶段中国社会信用信息征集系统、信用中介服务机构的建设尚处于起步阶段，企业和个人的信用信息还得不到有效的应用和评估，金融机构在支持产业创新时，往往难以决策，制约了其发展。

第四节　长三角地区金融支持产业创新的政策建议

探索科技创新和金融资本的融合，满足国家战略科技力量、建立现代产业体系、发挥创新驱动发展作用的目的，将新金融发展与创新型城市建设更加紧密地结合起来，推动长三角三省一市之间资源的互通，走创新驱动高质量发展的道路。此外，从各主体自身优势发力，能够加强金融机构与科创企业之间的交流，通过产业对接、高端专业服务互通等合作，促进双方在人、财、物等多方面的交流和合作，助力科创企业在更大、更广的平台上实现融资规模和效率的提升，可降低各区域之间金融体制差异及政策不同而导致的信誉担保和融资风险等问题，加速现代金融与科技创新融合发展。

一　健全新时期产业创新的金融支持体系

（一）完善资金支持方式

（1）加大金融支持的财政投入。财政投入是国家促进产业创新安排财政资金用于对创新主体的支持。财政支持包括直接财政支持和间接财政支持。直接财政支持主要通过财政资金直接投入企业以支持其创新发展。一般情况下，财政投入对象为从事创新行为的事业单位或社会团体、企业主体等，在一定程度上可以增加创新的投入，促进创新产品开发和落地。间接财政支持主要包括各种财政补贴，一般是财政资金起辅助作用，如财政贴息、税收返还等。间接财政支持相对于直接财政投入而言可以更有效地利用财政资金的杠杆作用，降低创新投入成本等，但是其在支持过程中也存在一定的弊端，如支持力度较小等问题。现阶段金融支持领域较普遍的财政手段包括科技贷款贴息和保险保费补贴两种形式。前者主要针对企业为满足创新所需的资金需求寻求银行贷款，财政资金补贴该种贷款利息以降低其融资成本的一种支持方式，后者是通过补贴创新业务的保险保费，弥补科技保险的成本差额，促进保险对创新领域的投入，以“收入效应”促进创新的供给。

（2）完善直接融资渠道。直接融资渠道主要是指没有金融中介机构介入的融资方式。在创新领域中（尤其是新兴的科技创新公司），直接融资渠道占据比较重要的地位。股票、债券、产业基金等均属于直接融资方式。产业创新的金融支持中直接融资渠道主要包括资本市场和产业创新引导基金。新兴科创公司的成长大多离不开资本市场的大力支持，政府可引导科创企业股改、资产重组、非公开发行股份等扩大直接融资渠道，借助创业板、中小板和科创板上市平台，拓展产业创新发展空间，降低产业创新融资成本，破除企业创新资金制约，提升自主创新能力。积极设立政府创新引导基金，实行专业化运作管理模式，选择经验丰富的基金管理公司，提升基金的服务实效；重点支持科创领域起步期企业，促进科技创新成果的研发与转化，推动产业创新向更高层次迈进。

（3）健全间接融资方式。间接融资仍是当前金融的主要方式，在产业创新领域，间接融资有助于丰富融资方式，扩大融资渠道，但当前的信贷体系尚无法满足创新融资需求，因此不断健全间接融资方式是扩大金融支持产业创新力度的有效举措。在保障风险管理稳健的前提下，引导和鼓励银行等金融机构创新金融产品，加大针对创新的信贷投入，开拓新型金融服务模式，逐步扩大金融创新产品和衍生品在产业创新领域的应用。鼓励金融机构探索专业支持产业创新的金融运作模式，针对地区重大、重点创新项目和高技术产业给予重点金融支持，形成金融支持产业创新的特色化方式。同时，探索建立专业化金融支持机构，如支持建立专业银行、金融机构的创新信贷事业部或分支机构等，为相应科技创新公司提供直接的融资支持；设立专业的担保机构，为科创公司提供融资担保降低其融资门槛；设立专业创业投资机构，拓宽科技创新公司的资金获得渠道；等等。

（4）拓展风险投资范围。风险投资对科技创新的发展起到不可忽视的重要作用，纵观历史，诸多科技创新的突破性成果是在风险投资的支持下形成的。在风险可控和政策允许的条件下，政府可通过政策引导、风险保障等方式，拓宽风险投资范围，吸引社会资本和市场资金投入科技创新项目。一方面可以通过发挥社会主义体制的优势，通过政府组织或激励设立风险投资基金和产业创新基金等，完善资金监管机制和激励约束机制，充分发挥财政资金和国有资本在产业创新中的杠杆作用。另一方面应注意引导和扶持社会资本参与到风险投资和产业创新中，建立完善创新创业投资引导和激励机制，促进更多的社会资本向科技创新的源头延伸，完善投融资监管和风险补偿机制，拓展科技创新的金融支持渠道，促使形成长效的市场发展机制。

（二）优化风险管理模式

（1）健全信用担保体系。建立健全信用担保体系是提升金融支持产业创新力度的关键举措，这一点在西方发达国家产业创新发展过程中已经得到证实。信用担保体系的建立可以有效解决科技创新企业融资过程中的信息不对称问题，强化风险防控力度，促进金融支持产业创新发展。现阶段中国信用担保体系主要由政府主导，健全信用担保体系需要在发挥政府主导作用的基础上，引导社会担保力量介入，形成完备的信用担保体系。一方面，应加大政府对信用担保的支持力度，如为担保公司提供一定比例的风险补偿资金等，同时推动建立地方政策性担保机构，促进担保机构和其他信贷资金提供单位的沟通合作，改善科技创新项目信贷的担保环境，降低金融机构风险管理的阈值，促进相应金融产业发展。另一方面，引导社会担保力量进入产业创新项目的担保支持梯队，通过风险共担、风险转移等方式促进担保体系的全面优化，形成“政府+市场”的完备担保体系，提升金融市场活力。

（2）发展科技创新保险市场。保险是金融支持的重要组成部分，也是风险管理的重要方式，科技创新保险是针对科技创新项目或企业提供的风险保障服务，不仅能够有效激励资本金融产业创新领域，同时有助于优化金融支持产业创新的发展环境。现存的科技创新保险产品种类少，企业参保不积极等现象较为明显地制约了产业创新的发展。发展科技创新保险市场，可从以下两个角度着手：一是加大科技创新保险市场的宣传推广力度，通过补贴或优惠的方式鼓励企业参与创新项目投保，分化创新风险，提升创新项目的执行保障。二是鼓励科技创新保险产品的创新，针对不同类型的科技创新企业和项目以及不同的发展阶段，研究创新以提供多元化、多层次的科技创新保险产品。

（3）创新知识产权抵押方式。知识产权抵押对于促进科技创新企业的金融支持有着重要的现实意义。区别于传统的不动产或动产抵押贷款，知识产权经过权威机构评估后抵押，向银行等金融机构融资，为产业创新提供金融支持。现有的知识产权抵押金融支持模式尚不完善，由于知识产权的评估难以确定且金融机构在发生风险时对知识产权的处置较为困难，知识产权抵押方式在现有的金融支持体系中占比较少。创新知识产权抵押方式，一方面可以提升金融支持产业创新的力度，另一方面也为完善相关风险管理模式提供了新的思路。具体可从以下几个方面探索着手：一是支持创设知识产权评估机构，并尝试建立评估机构和金融机构对接渠道，共享信息资源，以解决评估难问题。二是建立财政、保险、评估机构、银行等多方风险共担机制，财政资金提供适量利息补贴和保费补贴、保险公司提供创新项目保险、银行等针对企业资质进行审查、评估机构针对知识产权价值有效评估，完善知识产权抵押的金融支持机制。三是探索构建“贷前有辅导，贷时有选择，贷中有监测，贷后有补贴”的全链条、一站式知识产权金融服务平台，吸纳各类金融机构以及知识产权评估机构等进入平台，实现产业创新的融资需求和金融支持服务精准对接。

二　完善新时期产业创新的金融支持协调机制

（一）优化金融生态环境

金融生态环境主要是指金融运行的外部环境，是金融运行发展的基础条件。金融生态环境包括政治、经济、文化等方方面面，长三角地区一直处于全国发展的前列，金融生态环境相对较好，金融发展水平也相对较高，但涉及金融外部环境，仍有较多待提升的空间，本节主要从改善信用环境、强化法律法规建设、完善金融产权制度等角度，发掘金融生态环境进一步优化的着力点，促进金融支持产业创新蓬勃发展。

改善信用环境。国家近年持续加大社会信用体系建设力度，社会信用体系建设是市场经济的重要基石，市场经济从本质上来讲就是信用经济。习近平总书记强调，“人而无信，不知其可；企业无信，则难求发展；社会无信，则人人自危；政府无信，则权威不立”。良好的信用有助于提高金融支持产业创新效率，促进金融支持产业创新功能效用持续提升。改善信用环境一方面要推动社会信用体系建设，依托国家行政手段，持续加强长三角地区信用体系建设，完善公共信用信息平台，促进信用管理向智能化、自动化、体系化延伸，为金融领域的信用应用打下良好基础。另一方面应持续巩固和发展征信行业，创新信用产品应用，鼓励设立信用服务机构，充分发挥市场主体作用，建立完善企业信用管理制度，完善风险防范机制，刺激社会信用基础、信用环境整体提升。

强化法律法规建设。优化金融生态环境的重要举措之一是完善相关法律法规，从法律法规的特性和功能上来讲，法律法规的完善有助于市场秩序的规范以及各种保障的强制实施。这对提高产业创新的金融支持效果具有重要意义。现阶段中国针对金融支持产业创新发展仅有部分指导性条例和管理办法，尚未有相关法律法规出台，这在一定程度上导致了科技创新的金融支持在业务领域、资金来源、行为规范等方面缺乏具体规范，可能对金融机构的业务执行造成不便。因此强化法律法规建设是金融支持产业创新高效运作的根本保证。结合发达国家相关立法经验和长三角地区发展实际，在强化金融支持创新的法律法规建设层面应主要关注以下几个原则：法治原则、民主原则、科学原则、均衡原则、政策原则。其中法治原则、民主原则和科学原则是立法的基准，均衡原则和政策原则是针对创新的金融支持而言的，立法的同时应注重金融支持产业创新的相对均衡（包括地区均衡和产业均衡等）以及政策体现（即政策对其实质支持措施）。

完善金融产权制度。金融产权制度在很大程度上决定了金融市场的运行效率。中国自计划经济体制向社会主义市场经济体制转变以来，金融产权制度的变革持续进行，现阶段中国金融市场的发展目标是构建以“产权明晰、权责分明、管理科学、高效运转”为基本特征的，兼有国有和外资、全国性和地方性、大银行和中小银行、银行和非银行金融机构的多元金融主体的金融市场。长三角地区作为中国金融发展的较发达地区，金融产权制度变革走在前列，现阶段主要任务是持续推进国有银行和地区商业银行的股份制改革，明确国有银行产权，吸纳社会资本；探索多元金融主体实践经验，在风险可控的基础上鼓励民间资本进入，进一步丰富金融业生态。

（二）构建内外部协调机制

发挥内部协调优势。金融支持产业创新的内部协调机制主要包括区域金融资源配置的协调、区域金融要素流动的协调以及政策支持和行政监管的协调。内部协调主要是促进金融资源的合理配置与资源要素的自由流动，促进支持和监管并进，保证金融支持的快速发展和风险可控，进而促进地区产业创新发展。（1）区域金融资源配置的协调。应准确把握长三角地区地域分工和区域发展特色，按照分业经营和均衡发展的原则，调整不同区域的金融资源配置，引导不同区域产业形成合理互补和层次递进，形成合理的区域配置和产业分工。（2）区域金融要素流动的协调。应通过区域金融市场的强化培育、区域金融政策的探索实施和区域金融市场发展机制的研究确立，规范和引导金融市场主体行为，促进地区金融要素资源的自由流动，实现以市场为主导的金融体系的效率提升。（3）政策支持和行政监管的协调。主要通过加强政策支持力度和创新监管方式双管齐下。一方面加强政策支持力度是促进金融支持创新发展的重要手段，另一方面传统的监管方式可能抑制金融发展，创新监管方式，化解“金融抑制”，有助于金融支持更好地服务产业创新。

创造外部协调环境。外部协调对于产业创新的金融支持来说，主要是指维持外部保障和产业创新发展目标的一致性。在中国当前银行作为主导的金融体系下，金融对科技创新支持力度的强弱关系到创新资金是否充裕。创造金融支持的外部协调环境对于充分发挥金融功能，引导资金流向产业创新领域具有重要的意义。外部协调环境的构建主要从以下几个方面着手。（1）目标融合。产业创新的金融支持要保证政策和金融机构在支持产业创新层面的目标一致性，这就需要政府层面发挥领头羊作用，强化市场引导，促进科技创新金融资源配置目标的协调配合。（2）结构完善。要保证金融结构在支持产业创新任务上的融合，保证市场化金融机构和非市场化金融机构的有机结合，保证不同种类的金融工具有机结合，促进金融体系多层次、多角度、全面发展。（3）环境融合。环境融合应着眼于法律法规环境、政策环境、金融产权、风险防范等方面的融合，支持法律法规、政策制度向产业创新的金融支持方向倾斜，支持金融产权的明晰确立、支持风险防范与产业创新目标协同并进，以促进科技创新金融的外部环境优化，支持效率提升。

07

第七章

长三角新兴产业集聚发展的演化过程、创新行为与模式转变

当前，新一轮信息技术席卷全球，深深改变了人们的生产生活方式，长三角新兴产业正面临千载难逢的发展战略机遇。实施国家创新战略以来，产业创新驱动所需的体制机制日趋完善，创新要素优化配置效率显著提升，新型科研机构如雨后春笋般蓬勃发展，产业技术创新战略联盟运营管理机制不断优化，一些领域核心技术取得前所未有的突破，并获得良好的经济效益与生态效益。

第一节　长三角新兴产业集聚的形成与发展

从国内外研究文献归纳总结的情况看，结合长三角新兴产业集聚发展实际，当前新兴产业集聚发展类型按照动力发展模式可划分为以下四种。

自发成长型。该类型的突出特征是依托良好的工业基础或创新资源优势，长期致力于产业前沿技术、关键核心技术、共性基础技术等技术创新活动，形成组织内较为明确的专业化分工与协作机制，并逐步演进为在产业内具有明显的技术垄断、技术占有、技术储备、技术战略等综合优势的产业集聚区。需要指出的是，这种类型新兴产业集聚创新主体并不一定是业内规模较大的龙头企业，“高、精、尖、专”企业往往成为集聚区内创新“黑马”，这与长三角政府在制定《“十四五”国家战略性新兴产业发展规划》中提出的致力于推动建设一批领军企业的方针相一致。

市场带动型。该类型突出特征是行业龙头企业牵头，通过捕捉产业技术应用领域广阔的市场前景与商业利润吸引产业上下游企业缔结相对松散的创新组织体系。企业凭借良好的创新运行机制和敏锐的市场洞察力，往往能率先布局产业技术创新战略。但考虑到创新风险以及创新资源占用给企业自身发展带来的负面影响，同时技术创新与产业化的周期性，且市场机遇稍纵即逝，企业会选择组织产业链上下游企业、拥有相关产业技术的科研机构、高等院校、中介机构等主体和机构，共同开发产业技术，并整合关联企业市场信息、创新要素、制造能力、销售渠道等资源，加快技术成果产业化，促进产业链条延伸。诚然，在过去相当长一段时期内，以利润最大化为发展目标的企业较其他创新主体有更强的创新组织动机，而今科研立校的高等院校以及改制后的科研机构亦表现出较强的协同创新意愿。

政策驱动型。该类型突出特征是政府行为导向为主，通过投放较为优惠的税费政策、投融资政策、财政支持政策等政策支持体系，整合丰裕的资金资源、项目资源、土地资源、公共资源、人才资源、信息资源等创新资源，推动创新主体创新战略协同并缔结产学研技术创新联盟。理论与实践表明，新兴产业对传统产业转型升级有较强的促进作用，在经济结构优化、资源配置效率改善、新旧动能转换等方面亦有明显的正面效果。因此，各地政府在产业布局过程中均表现出极大的发展倾向性，纷纷契合中央政府促进新兴产业发展方略，不惜投入重金、前所未有的优惠政策、制定发布新兴产业发展规划等资源，构建产业新体系，抢占产业发展制高点。自 2009 年以来，长三角政府为支持新兴产业集聚发展，积极推动产学研协同创新模式变革，通过科研体制改革、高等教育体制改革、推动科技成果转化机制改革等综合改革举措，释放创新主体创新动能，引导优质创新要素向新兴产业集聚，极大促进了新兴产业在全国各地集聚发展。

科技驱动型。该类型的突出特征是以实力较强的企业、科研机构或高等院校为主导，发挥技术创新领先优势，集聚创新优秀人才、资金等创新资源，巩固其产业技术领域主导地位。各创新主体之间发挥各自的资源优势，自发缔结相对松散的创新组织，围绕新兴产业前沿技术、关键核心技术、共性技术等技术领域及技术产业化，这种类型政府政策干预相对较少。

需要指出的是，在长三角这四种集聚发展类型都有政府直接或间接干预或参与行为，但这并不意味着新兴产业集聚发展对政府的依赖较高，相反，经验研究与实践表明，市场自发形成的创新合力日益成为新兴产业集聚发展的新动能。但从世界各国新兴产业发展实践看，各国政府无一例外选择了倾向性支持政策推动新兴产业集聚发展，并将新兴产业定位为国民经济的主导产业和支柱产业。从这个意义上讲，长三角两级政府密集发布政策支持新兴产业集聚发展仍显力度不够，特别是在科研项目经费上亟须加大投入力度。

第二节 长三角新兴产业主体集聚创新行为

与其他产业相比，新兴产业主体更加多元化，行业龙头企业、掌握一定技术资源科研机构、高等院校是三类重要的创新主体，面对新兴产业良好的发展前景，各主体间表现出技术合作、创新共享、互惠互利的关系，为新兴产业集聚发展提供保障。从新兴产业集聚发展缔结的组织模式看，其集聚发展并不简单表现为创新主体在地域空间上的集聚，而其分布网络更加常见，社会网络特征较为明显，这与新兴产业技术创新及产业化应用涉及领域广、耗费创新资源多、创新风险大、转化周期长有关。因此，企业、科研机构与高等院校参与创新行为各具特色、优势互补，是新兴产业集聚发展的单位元，剖析其特征及参与创新动机不仅有利于揭示新兴产业集聚形成机理，也是理顺新兴产业集聚发展演化机制的重要切入点。

企业被认为是新兴产业集聚发展的重要主体，也是现行体制下技术成果产业化应用不可或缺的主体。从长三角工业化演进过程看，行业内龙头企业往往是拥有技术创新优势的主体，也是具有较强创新风险承受能力且乐于开发新技术、新产品的主体。但我们也注意到，全产业链下长三角新兴产业技术分布呈现出较为分散的格局，这集中表现为产业技术分散在产业上中下游各个链条企业中，并且由于新兴产业各链条产业市场集中度较低，产业核心关键技术分散于大中小企业中。共享技术创新成果、共担技术创新风险、共谋技术产业化“抱团取暖”式集聚发展成为企业获取持续竞争力、抵抗市场风险的重要选择。随着科研体制改革深化，传统科研院所纷纷向新型科研机构转型，其运作模式从本质上看仍是企业运营模式，这也为新兴产业集聚发展注入新动能。

科研机构参与新兴产业集聚发展不仅能进一步巩固其产业技术竞争优势、产业技术创新主导地位，还能获取丰厚的科研项目经费、激发科研工作者创新热情，盘活科研资源，提升科技创新效率，科研机构正成为产业创新的重要主体。特别是对于归口中央政府管理的科研机构更易获得国家科技重大专项等国家级项目，备受政府青睐，其不仅凭借在新兴产业某一领域的技术优势和顶尖级科研团队，使其技术创新能力在国内乃至国际保持领先，更因为能够获得丰裕的科研项目经费与政策支持，使地方科研机构望尘莫及。地方科研机构相比而言获取的科研项目经费较少甚至长时期出现“僧多粥少”的窘境，不少优秀的科研工作者纷纷跳槽进入央属科研机构。在某种程度上，这也使新兴产业集聚发展更多地发生在央属科研机构。地方科研机构集聚发展无论是集聚规模还是合作领域，都不及央属科研机构。

高等院校是原始创新的重要基地，也是新兴产业集聚发展的重要主体。随着高等教育体制改革的深化，长三角高等院校纷纷将科学研究作为立校之本，一方面加强科技创新能力建设，组建各类科技创新团队，建设国家级、省部级实验室，另一方面加强科技成果转化，积极参与新兴产业集聚发展，促进新兴产业与学科建设融合发展。从新兴产业集聚发展的空间分布看，江苏、上海、浙江、安徽等地齐聚了长三角一流的综合性大学，同时这些地区也成为新兴产业空间集聚发展的重要区域。传统意义上的“985 工程”“211 工程”高等院校拥有较其他大学更丰裕的财政拨款，其科技创新能力也较省属院校强，但我们也注意到，一些特色鲜明、拥有优势学科的地方院校也正成为地方甚至是国内某类新兴产业集聚发展的主导性力量，如由武汉纺织大学牵头组建、行业协会及其他科研院所高度参与的苎麻产业技术创新战略联盟，带动了长三角天然纤维新材料研发及产业化发展。

第三节　长三角新兴产业集聚发展模式

新兴产业集聚是各类主体基于技术占有、技术商业化前景、产业融合发展、分享政策红利、集聚效应等目的，在特定技术领域展开的技术创新群体性创新行为。实践表明，产业集聚是工业化一种普遍的经济现象，也是产业高级化的重要途径。新一代信息技术革命席卷全球，协同创新也已成为世界各国产业集聚发展的共识。要实现新兴产业集聚发展壮大成为国民经济的支柱产业，探索行之有效的集聚发展模式是破题之举。长三角较为常见且富有成效的新兴产业集聚发展模式主要有空间集聚发展、创新联盟发展和产业融合发展三种，进一步挖掘集聚发展模式运行特征是全面揭示新兴产业集聚发展演化机制的有效途径。①

一　空间集聚发展

空间集聚发展是长三角新兴产业最重要的集聚发展模式，也是政府重点支持区域经济转型升级、培养新兴增长极的重大方略。从世界工业化演化进程看，各国工业发展均经历了散点分布到集聚、抱团、扎堆发展的演化路径，产业空间集聚正是产业升级向高级化发展的必经环节。无论是美国硅谷新一代信息技术企业集聚发展，还是长三角中关村“电子一条街”、武汉光谷，均成为新兴产业集聚

① 孙志洁：《浙江省战略性新兴产业发展评价和发展驱动因素分析》，浙江工商大学硕士学位论文，2017 年。

发展的乐园，并且成功打造出享誉盛名的新兴产业空间集聚品牌。与传统产业空间集聚相比，新兴产业集聚发展倾注了更多的政策支持，集聚了产业内龙头企业先进技术、知名科研院所与高校卓越科研团队，并且金融机构、中介机构、行业协会等均表现出极大的参与积极性，实现了更加高效节约交易成本、提升科技创新效率与技术成果转化率、推动增强创新主体可持续竞争优势、促进区域经济转型发展等多元目标，成为政府、企业、科研机构、高等院校、金融机构、中介机构、行业协会等众相推崇的发展模式。

空间集聚发展模式主要分为市场自发集聚和政府推动集聚发展两种。就市场自发集聚发展而言，一部分是由行业龙头企业主导集聚发展，多由行业技术创新能力较强的龙头企业发起，会同业内上下游相关技术领域优势企业，并缔结相对紧密的协同创新联盟，共同开发全产业链产业前沿技术、关键核心技术等，这种集聚发展模式有较强的技术外溢效应和规模经济效应；另一部分是由高等院校或科研机构主导集聚发展，通过在高新区内设立产业基地延伸创新链条，促进科技创新成果转化，这种集聚发展属于自组织扩张模式，其技术外溢效应和产业带动效应较弱，是新时期科研体制改革深化的产物。就政府推动集聚发展而言，一部分是中央政府主导，根据国家新兴产业布局发展方略，选择一部分科技创新资源丰富、技术创新水平高、人文生态环境好的地区作为先行先试区，通过国家重大科技专项等财政、国土、人事等政策的倾斜，给予集聚区最惠待遇，吸引国内外优秀企业、科研机构等入驻集聚区，并以此为示范区在全国推广，推动新兴产业集聚发展；另一部分是由地方政府主导，基于经济赶超、跨越式发展以及政绩考核，各地政府纷纷致力于新兴产业的培育与发展，仿效中央政府的做法，结合本土产业基础和创新条件，设立新兴产业集聚区，适当分担国家级新兴产业集聚示范区功能，形成上下一体的新兴产业集聚发展空间分布体系。

二　创新联盟发展

创新联盟是产学研协同创新组织模式的有机构成，也是新兴产业打破空间集聚局限、整合资源的重要发展模式之一。由于新兴产业的特殊性，其对技术、人才、资金、市场、风险等创新要素的需求较其他产业更为苛刻，除政府全方位、全程追踪支持外，更需集中优秀企业、科研机构、高等院校、风险投资机构、行业协会组织、中介服务机构等创新组织资源。加快核心关键技术、共性基础技术、产业前沿技术联合攻关突破，促进科技创新成果转移扩散与转化，不断优化产业结构、扩大新兴产业规模，单凭企业或任何科研机构、高等院校均无法实现新兴产业集聚发展规模效应。事实证明，产学研协同创新不仅是长三角区域创新能力提升的重要途径，也是产业技术突破发展的有效手段。新一代信息技术革命强化了产业内各创新主体之间的交流与合作，使产业技术创新战略联盟、新型科研机构等创新组织模式更加多元化，极大地弥补地域空间集聚造成的资本固化、间接增加创新成本的缺陷，进一步提升了创新发展开放空间，让更多的创新主体能够以更加灵活的方式参与产业创新发展。

各个创新主体加入创新联盟的动机各具特色。

企业加入创新联盟动机主要体现在以下三个方面：一是提升产业技术创新能力，降低先进技术创新风险；二是提升产业技术使用效率，缩减技术管理成本；三是全面增强企业盈利能力，降低经营风险。一般而言，企业所在产业链条越长，技术分布越分散，要实现价值链跃升，全产业链中拥有技术优势的企业就必须联合起来协同创新，降低技术创新风险，共享优质技术资源，提升技术资源配置效率，加快技术成果转移转化，缩短产品开发设计生产周期，增强企业核心竞争力。一旦产业技术创新战略联盟投入成本达到企业预期，技术创新利益分配方案可行，政府支持力度明显，企业会选择加入创新联盟甚至是自发组建产业技术创新战略联盟。

高等院校加入创新联盟动机主要体现在以下三个方面：一是增强自主研发能力，提升学科建设水平；二是获取丰厚科研项目经费支持，改善科研工作者待遇，提升学校办学水平；三是推动科技成果转移转化，扩大学校社会影响力。一般而言，地方高等院校更加注重科研项目经费获取，部属院校则更加注重办学水平与社会影响力。一旦高等院校认同联盟科技创新成果转化承诺，明确了技术研发性质与方向，并能获得稳定的科研项目经费，其会选择加入创新联盟甚至是自发组建产业技术创新战略联盟。

科研机构加入创新联盟动机主要体现在以下三个方面：一是巩固并提升其产业技术领域领先地位；二是改善自身技术管理效率，提升产业技术创新成果收益；三是获取丰厚科研项目经费支持，打造一流创新团队。一般而言，长三角科研机构在科研经费投入上存在较为明显的“马太效应”，央属科研机构有较为稳定的项目经费支持，但其决策行为多受中央政府干预，且科技创新领域多为国家重点布局、亟须突破发展的产业技术领域；地方科研机构常陷入项目经费少、优秀科研工作者流失的恶性循环怪圈。一旦科研机构认同创新联盟技术创新领域，承担大型科技创新项目，并显著提升科技成果转移转化效率，其会选择入盟甚至是自发组建产业技术创新战略联盟。

此外，政府、行业协会、中介机构等加入创新联盟动机也各具特色，如行业协会加入创新联盟动机主要表现为提升行业协调、组织、领导地位，限于篇幅，在此不再一一赘述。

三　产业融合发展

产业融合是新兴产业集聚发展的重要模式之一。产业融合既是产业发展演化的重要方向，也是新兴产业发展壮大的重要选择。在某种程度上，新兴产业源于传统支柱产业，是传统支柱产业、优势产业转型升级的主要方向和着力点。新一代信息技术革命的深化，加快了“两化融合”进程，并且为新兴产业集聚发展带来前所未有的契机。如长三角传统优势产业纺织工业上游产业延伸出来的新兴产业——新材料（高性能纤维材料）和高端装备制造（纺机智能制造），通过源头技术突破创新带动纺织工业转型升级，促进纺织产业价值链从中低端向中高端跃升，为实现纺织强国提供技术支持。不难看出，纺织工业与这里涉及两个新兴产业分支的产业边界已然模糊，产业融合发展已经水乳交融、深入发展。另外，产业用纺织品规模的扩大不仅为纺织工业转型升级、培育新的增长动能提供了市场支持，也为新材料、高端装备制造业发展指明了发展方向。

四　长三角产业集聚发展演化阶段

新兴产业概念提出至今虽不足十年，但其发展可以追溯到 20 世纪末期，集聚发展演化脉络也日渐清晰。从既有研究看，研究者们对新兴产业集聚发展演化阶段的判断与认识尚未达成一致，这与他们对新兴产业发展研究理论视角与立场不同有关，有些学者从工业化演化认为新兴产业演化遵循工业化演化规律，具有明显的动态演进特征，即历经先导产业、支柱产业、基础产业并再次过渡到先导产业循环中；有的则从产业生命周期理论视角出发，将新兴产业演化过程划分为四个阶段，并且他们还发现长三角多数产业演化轨迹与逻辑斯蒂曲线相似；① 有的学者从系统演化理论视角作为切入点，分别从产业规模、产业技术和产业组织三个方面，对产业发展演化过程进行了系统剖析。需要指出的是，有关产业生命周期的划分研究国内外尚未达成共识，三分法、四分法、五分法等各有遵从。虽然研究者们对新兴产业演化过程进行了大量卓有成效的研究，并得出诸多有富有启发性的结论，但他们多是从产业演化理论视角对其进行理论分析，并未结合长三角新兴产业发展的实际情况，忽视了长三角作为发展长三角家，大部分地区工业发展业已进入工业化中后期，新兴产业集聚

① 王少永、霍国庆、孙皓等：《战略性新兴产业的生命周期及其演化规律研究——基于英美主导产业回溯的案例研究》，《科学学研究》2014 年第 11 期，第 1630—1638 页。

发展模式日趋成熟，发展演化过程不仅有明显的地域特征，而且有较强的产业分化特点，如何科学识别新兴产业集聚发展演化规律是推进新兴产业发展壮大任务题中的应有之义，也是本研究的主要内容。新兴产业技术创新与其他产业相比有诸多明显的区别，这也是其演化过程不同于一般产业的重要原因。有鉴于此，本节从新兴产业技术创新发展视角，总结分析长三角作为发展中大国在后发赶超过程中实施的技术创新战略，结合当前新兴产业集聚发展模式，对新兴产业集聚发展演化阶段进行探索性划分，以期为长三角新兴产业集聚发展演化提供理论证据。

长三角新兴产业发展大多始于技术引进，基本遵从了“选择性技术引进—快速消化吸收—全面模仿创新—逐步自主创新”的发展壮大过程，理论意义的新兴产业集聚发展演化阶段应包括技术引进吸收—产品自主研发设计—主导产品标准设计三个阶段，如图 7-1 所示。

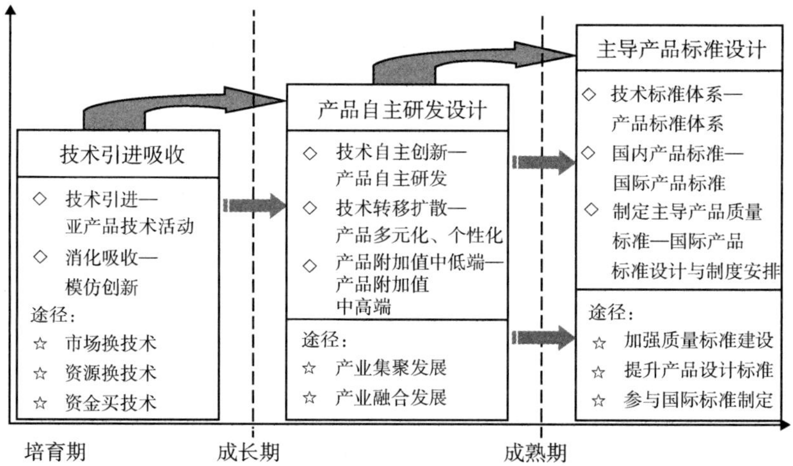

图 7-1 新兴产业集聚发展阶梯式演化

从长三角新兴产业发展历程看，长三角新兴产业集聚发展演化阶段遵从了新兴技术获取、自主研发产品、制定产品标准三个阶段。由于发达国家的技术封锁与高端产品市场控制，长三角新兴产业面临双重困境：一是难以在短时间内实现核心关键技术的突破，无法在技术端赶超西方发达国家；二是由于缺乏国际产品标准话语权，一些中高端产品标准安排长期受制于西方发达国家，不利于产业发展壮大。实际上，这也是早期长三角新兴产业集聚发展价值链两端弱势的集中体现。鉴于此，长三角地区根据国情采用技术引进再吸收的技术创新战略，鼓励企业、科研机构、高等院校等创新主体积极学习、借鉴、引进国外先进的产业技术、高端制造装备等，采用的途径主要有市场换技术、资源换技术、资金买技术、资金买装备等，有效缓解了产业核心技术长期受制于人的局面，促使长三角新兴产业从无到有迅速发展。

这条技术引进消化再吸收的技术移植奠定了长三角新兴产业技术基础，高附加值的中高端产品占出口比重逐年增长，新兴产业与传统产业的融合一方面不仅延伸了传统产业链条，还开辟出新的产业发展空间，促进产业迈向中高端，另一方面强化产业上下游企业之间、产学研协同创新，显著提升新兴产业集聚发展技术创新效率，为构建产业新体系提供新动能。主导产品标准设计则是新兴产业集聚发展演化的最高阶段，产品融入国际市场，并成为国际市场主导产品，进一步提升国际产品标准话语权，是新兴产业集聚发展规模持续扩大、融入国际市场的根本保证。

五　长三角新兴产业集聚发展路径选择

（一）“蛙跳式”跨越发展

“蛙跳式”跨越发展是指新兴产业发展相对落后的地区可以利用发达地区产业转移带来的技术外溢契机，加快技术引进消化吸收，不断提升自身产业技术水平，增强自主创新能力，通过集聚发展整合地区创新资源，突破发达地区新兴产业技术壁垒，从而实现新兴产业“蛙跳式”跨越发展。该路径也意味着各地区可以根据承接产业转移阶段特点，结合本地区资源禀赋、经济发展水平、创新服务体系、工业基础等现状，合理布局新兴产业，积极追踪跟进产业前沿技术，从引智、引资、引技等方面着力，加快完善产学研协同创新机制，实现新兴产业核心关键技术突破，不断提高本地区新兴产业集聚发展水平。

（二）“雁形产业分工”整体发展

“雁形产业分工”整体发展是指中国部分新兴产业发展布局可以从产业分工角度，结合各地区资源禀赋、经济发展水平、技术创新能力、工业基础等实际情况，采用“雁形产业分工”理论，合理承接新兴产业转移，实现东、中、西部地区新兴产业梯度整体发展。一方面各地区在承接国际或国内新兴产业转移过程中，能较好地嵌入全球或国内新兴产业链和价值链中，并参与全球或国内产业分工体系；另一方面在承接产业转移过程中，能够直接分享产业技术溢出效应，在很大程度上提升本地区新兴产业技术水平，加快产业集聚发展。各地区分别嵌入新兴产业分工体系中，由技术水平及技术创新能力差异形成“雁形产业分工”整体发展模式，推动中国新兴产业在国内集聚发展演化。

（三）“市场嵌入、价值嵌入”跨国并购赶超发展

“市场嵌入、价值嵌入”跨国并购赶超发展路径是指中国在布局新兴产业过程中，为缩短对发达国家的赶超发展时间，可以采取市场嵌入、价值嵌入的跨国并购战略实现国内新兴产业技术突破和集聚发展。实践证明，跨国并购是嵌入全球中高端市场、产业价值链中高端的有效手段。鼓励支持国内有一定技术基础和自主创新能力的新兴企业开展跨国并购，着重瞄准其成熟的市场网络、核心关键技术专利权、高水平的创新团队、高效的经营管理制度和技术研发机制等，快速完成全球产业链和价值链的双重嵌入过程，总结和学习国外先进技术与研发经验，通过自主创新积累实现再创新，最终实现国际新兴产业分工地位提升和新兴产业走在世界前列的目标。

08

第八章

园区与长三角产业创新发展

2020年，新冠疫情的全球大流行打破了世界原有的发展格局，世界主要经济体首次出现经济负增长，中美经贸摩擦持续不断，局部冲突此起彼伏，全球正处于“百年未有之大变局”中。中国虽然在疫情防控方面取得了重要成绩，但受国际经济形势与国外芯片等先进器件与技术的出口限制，经济增速有所放缓。与此同时，中国经济发展还面临着资源和环境的双重制约以及人口红利逐渐消退的不利局面，传统依靠资源投入的增长模式难以为继，正处于经济动力机制由资源投入型向创新驱动转变的关键时期，因此实施创新驱动发展战略是实现经济高质量可持续发展的根本途径。园区作为国家创新发展战略的主要实践载体，各级、各类园区推行的创新政策、创新体制机制在集聚高端创新资源、吸引培育一流创新人才、加强关键核心技术创新和成果转移转化方面发挥了巨大的作用。长三角作为各级、各类园区的集聚区，如何发挥园区的创新优势引领、示范和辐射、带动其他区域创新发展，提高整体区域的创新质量和创新能力，将整个区域打造为全国乃至全球创新发展新高地具有极其重要的意义。

第一节　园区在长三角创新驱动发展中的重要作用

中国自2006年实施创新驱动发展战略以来，区域创新系统在整个国家创新系统的整体框架内发挥着愈加重要的作用，在经济一体化背景下，长三角、京津冀、粤港澳大湾区等区域形成了各具特色的区域创新系统，而园区则是各区域创新系统的核心和关键，承载着各个区域最优质的资金、人才、信息、知识等创新资源，也与研发能力强的大企业、高等院校、科研机构、地方政府和中介服务组织等有着千丝万缕的联系。长三角是国家级高新区、国家级开发区等高水平园区的集聚区，并且各级、各类数量多、实力强，在长三角创新驱动发展中发挥着为长三角畅通国内大循环奠定战略支点，构成创新要素流动的微观基础，提供了强劲动力源泉，积累坚实技术基础的重要作用。

一　园区良好发展格局为长三角畅通国内大循环奠定了战略支点

长三角作为全国经济的领头羊，经济多年的发展，2022 年实现了以约 4%的国土面积、1/5 的人口总量，创造了 29. 03 万亿元的 GDP，约占全国经济总量的 1/4，是中国经济发展最活跃、开放程度最高、创新能力最强的区域之一。长三角地区工业体系较为完整、产业链比较齐全，先进制造业、高端服务业、高新技术产业等都发展良好，已具备了一定的实力。2020 年习近平总书记在合肥召开的扎实推进长三角一体化发展座谈会上切实强调“一体化”和“高质量”，希冀长三角能在全球市场萎缩的不利环境下能够发挥人才富集、科技水平高、制造业发达、产业链供应链相对完备的优势，积极探索形成新发展格局的路径。园区作为长三角人才、科技等资源的重要载体，不仅是高新技术产业、创新资源的集聚场所，还能在高新技术领域内吸引着互补、竞争关系的各类企业入驻，形成了从原材料供应（上）、销售渠道（中）、最终客户（下）的完整产业链体系与产业集群，激发产业创新活力，形成充满创新力的有机体系。首先，长三角的各个园区能够依托自身特有的资源禀赋与优势产业形成具备不同特色的产业集群，不同产业集群之间有着较强的互补合作关系，园区之间的互动往来构成了“内循环”的核心环节，也成为带动“外循环”的重要动力。其次，长三角的各个园区能够在各具特色的产业集群基础上形成独具特色的产业链，产业链能够在某种程度上适当突破国外的某些封锁，成为经济对外开放的新窗口，也成为撬动长三角小循环与国内大循环的重要力量。再次，长三角的各个园区能够在优势产业上与京津冀、粤港澳大湾区等形成错位竞争和优势互补关系，能够连通不同区域之间的经济发展，成为联动国内大循环的重要环节。总之，园区的发展能够有助于长三角区域形成陆海内外联动、东西向双互济的战略新局面，也能够成为畅通国内大循环的重要战略支点。园区是中国经济发展的核心载体，也是承载国家战略的主要平台，长三角开发区在双循环大背景下，应该勇于承担历史重任，在“十四五”时期力争取得更大的发展成就。

二　园区众多的高技术主体构成了长三角创新要素流动的微观基础

长三角的创新人才、创新资金、创新平台等创新要素虽然整体在全国范围内占据重要的位置，但其内部的分布也不是非常均衡，呈现出“东北高、西南低”的特征，即上海和江苏的创新资源较多，安徽和浙江的创新资源偏少的情况。具体来看，上海市和江苏省的园区级别和数量较多，并且入驻的企业以大型国企、央企和实力雄厚的外资企业为主，这些企业拥有丰富的创新人才、大量的创新资金、强大的研发和高端技术创新能力，所以上海和江苏的创新资源和要素相对更集中，实力也更强；浙江省虽然也拥有众多园区，但由于其民营企业活跃的发展模式，园区内的企业也多以民营企业为主，民营企业的在创新人才、创新平台方面与实力雄厚的国企、央企和外资企业仍有一定的差距；安徽省在长三角三省一市中无论是经济实力还是科技实力都相对较低，园区的数量和能级也低于上海、江苏和浙江，创新资源的要素禀赋相对较低。长三角一体化发展战略的推进使得长三角三省一市的联系更加紧密，高新技术主体也能够更加便利地在更大范围寻找合作者，而长三角内部创新要素空间布局不均衡的状态虽然在一定程度上影响了创新主体的效率，但也为长三角创新要素的流动添加了动力。首先，园区企业与长三角各大高校进行的产学研合作不仅对于改革国家创新的发展体制，也在一定程度上整合了区域的创新资源，能够使创新主体更加活跃。其次，长三角不同地区的园区企业创新优势和创新支点都有较大差异，不同园区之间的企业进行合作不仅能够最大限度地享受各个地区政府的优惠政策，还能使产业在强链、固链、补链等方面发挥重要的作用。再次，园区之间的企业还能通过产业转移带动人才、技术等资源要素的跨区域流动，使整个区域的创新资源分布逐渐均衡，进而实现区域整体的发展。

三　园区领先的经济实力为长三角创新发展提供了强劲的动力源泉

长三角是中国改革开放较早的区域，经济发展水平也居于全国前列，园区的数量与能级也位于各区域的前端。园区领先的经济实力为长三角先试先行与创新发展提供了重要基础和强劲的动力。首先，园区产业的现代产业发展良好，高新技术产业的经济实力和竞争力均在全国处于领先地位，拥有一大批专业能力强、生产附加值高、创新能力强的优质企业。这些企业科研能力强大、创新能力突出、创新人才集聚等众多优势，在长三角一体化发展战略中能够为区域整体的创新发展提供发展动力。其次，长三角内部园区分布呈现“东多西少、中间多、南北少”总体格局，由南京—合肥—上海，再由杭州—宁波形成了“Z”字的园区丰裕带，安徽北部、西部、南部等形成的“C”字区域则是园区的贫瘠带，区域分布的差异以及园区发展的产业优势不同，有利于园区之间产业链加强合作，形成与其他开发区的错位竞争与优势互补的关系，对打造独具特色的创业创新优势具有重要作用。再次，长三角园区之间的相互合作能够建立更加科学的决策机制来打造创新环境，出台科研成果保护制度、科研资源共享制度、科研风险防范制度等，规划产业发展的政策导向，合理创新激励机制，充分调动各主体积极性，引导激励各主体协同创新。

创新是引领发展的第一动力，是中国未来经济增长的不熄引擎，也是实现中华民族伟大复兴的重要一环。园区作为高新技术、创新资源要素的重要载体，在优化创新环境、完善多层次创新服务体系、健全创新服务方面发挥了重要作用，并且还能依托内部良好的基础社会加大对创新企业、创新产业、创新集群、创新战略联盟的支持力度，在通过国内大循环、促进创新要素流动、提供强劲创新动力等方面发挥了重要作用，为长三角一体化发展和地方创新发展做出巨大贡献。

第二节　园区发展历程演进与长三角产业创新发展

园区是中国政府推行的最具代表性的区位导向型的产业政策，其自诞生之日起就与区域发展有着千丝万缕的联系，同时也是城镇化发展与城市空间重构的重要载体。园区开发区的发展“浓缩”了中国改革开放的成功经验，更是“中国模式”的典型代表，其在发展过程中与区域创新、经济增长等形成了动态演进的过程。回顾园区的发展历程，根据国家在不同阶段的发展政策与主题的演变与园区在不同阶段表现出的发展特征，可划分为初始发展期（1984—1991 年）、快速发展期（1992—2002 年）、稳定发展期（2003—2008 年）和转型升级期（2009 年至今）四个阶段，并在这四个阶段间经历了三次转型升级，成为“中国式增长”的浓缩版，成为发展中国家争相学习的范本。本节就将园区的发展历程与长三角创新发展展开分析，探讨园区在不同的发展阶段长三角创新表现出的重要特征，并针对这种规律性进行深入研究。

一 园区的初始发展期（1984—1991 年）与长三角创新发展

（一）园区的初始发展期

1984 年 1 月，邓小平同志视察深圳、珠海、厦门等经济特区并题词，充分肯定特区建设的成就。他指出：“我们建立经济特区，实行开放政策，有个指导思想要明确，就是不是收，而是放。”“特区是个窗口，是技术的窗口，管理的窗口，知识的窗口，也是对外政策的窗口。”与此同时，邓小平同志还提出“在经济特区之外再开放几个点，再增加几个港口城市，可以实行特区的某些政策，但新增的这些城市不叫特区。”根据邓小平同志的指示，1984 年 5 月 4 日中共中央、国务院批转《沿海部分城市座谈会纪要》，并决定进一步加强沿海城市的对外开放，在有条件的城市兴办地方经济技术开发区，在开发区内实施特殊的产业政策，以开发区的发展带动整个城市的经济发展（如表 8-1 所示）。

表 8-1　第一批国家级经济技术开发区目录及成立时间

开发区名称	批准时间
大连经济技术开发区	1984 年 9 月
宁波经济技术开发区	1984 年 10 月
秦皇岛经济技术开发区	1984 年 10 月
青岛经济技术开发区	1984 年 10 月
烟台经济技术开发区	1984 年 10 月
湛江经济技术开发区	1984 年 11 月
广州经济技术开发区	1984 年 12 月
天津经济技术开发区	1984 年 12 月
连云港经济技术开发区	1984 年 12 月
南通经济技术开发区	1984 年 12 月
福州经济技术开发区	1985 年 1 月
闵行经济技术开发区	1986 年 8 月

续表

开发区名称	批准时间
虹桥经济技术开发区	1986 年 8 月
漕河泾经济技术开发区	1988 年 6 月

资料来源：中国开发区网，http：//www. cadz. org. cn。

中国第一批建设的 14 个国家级开发区中长三角地区共有 6 个，占开发区总量的 42. 9%。这表明长三角地区在开放发展的过程中就发挥着引领与带动的作用，而大量开发区的建设又为其发展增添了新的动力。宁波经济技术开发区、连云港经济技术开发区、南通经济技术开发区的建设成为浙江省与江苏省对外开放的新窗口，为浙江与江苏引进国外新技术、新设备、新管理理念搭建了重要桥梁，也为优质产品的出口提供了便利，使其生产效率有了快速的提升。上海在这一时期率先设立了闵行经济技术开发区、虹桥经济技术开发区，随后又设立了漕河泾、金桥、陆家嘴、外高桥、张江 5 个国家级开发区，开发区的优惠政策和友好的开放环境为其吸引了大量全球性企业的入驻，新兴力量的进入在推动上海形成产业升级和经济发展方面发挥了重要作用，而产业升级的发展又促进了开发区的管理模式和制度机制的持续创新，从而又为区域创新与经济增长提供了强劲动力。

总之，园区的初始发展期可以被概括为规模扩张的 1. 0 时代。这一时期的开发区政策主要集中在金融支持和国际化两大方面，并比照经济特区在财政、税收、人才、土地等方面的各种优惠政策，如 1987 年中国人民银行、国家计委、财政部、国务院特区办公室发布的《关于对经济特区、经济技术开发区开发性贷款实行差别利率和贴息的规定》、1991 年国务院批准的《国家高新技术产业开发区税收优惠规定》等。开发区的大量优惠政策使各个省市积极建设开发区，形成开发区建设的第一波热潮。

（二）园区探索时期长三角创新发展

长三角地区的上海、江苏、浙江都属于东部沿海省份，是对外开放的先行区，在国家级开发区优先发展的情况下，长三角吸收了较多的外商直接投资，教育、科技等走在全国的前列。在科技创新实力方面，长三角地区的科教与创新资源丰富，拥有复旦大学、上海交通大学、华东师范大学、南京大学、浙江大学、中国科技大学等国内一流大学和 300 多所普通高等院校，众多的高校数量使得长三角地区的高素质创新人才数量也居于全国前列。长三角地区建设了包括国家同步辐射实验室、磁约束核聚变国家实验室在内的国家实验室、国家工程研究中心和工程实验室等创新平台多家，R&D 投入较大，研发人员数量、研发经费支出和有效发明专利也处于全国领先地位。在创新发展模式方面，上海主要是依托其近代时期作为通商口岸的历史和较为良好的工业基础以及高校、科研院所、创新企业众多的优势，并发挥区位优势、政策优势、人力资源优势吸引了大量的优质外资，形成了特征较为明显的外向导入型创新发展模式。江苏省在改革开放以来也实行着外向型的发展战略，通过吸收外资与当地经济相结合的方式，极大地提高了外资企业的技术外溢，形成了先进设备、高端研发人员、先进生产技术等创新要素集聚的良好局面。浙江省在改革开放后就走民营经济的发展道路，在政策的支持下，民营经济在增加就业、税收、出口等方面都发挥了极大的作用，也成为推动浙江经济发展和创新的主要力量。安徽省对外开放的水平和力度都弱于上海、江苏和浙江，经济与社会发展起步也较晚，经济总量也是最低的，但安徽省牢牢抓住了科技创新及创新资源集聚的主线条，走特色科技创新发展之路。

二　园区的快速发展期（1992—2002 年）与长三角创新发展

园区在经历 20 世纪 80 年代的探索之后进入了快速发展阶段。这一时期国家对开发区和高新区的政策支持范围更加广泛，在过去的金融支持、国际化、进出口支持政策的基础上增加了基础设施建设、管理制度优化、产业集聚、产业结构优化等方面的内容，园区的数量、规模和类型呈现“飞速”上涨态势，也推动了最早设立的一批园区完成基本建设，进行新一轮的调整和拓展。伴随着一批批园区的创建与发展，园区的规划与发展成为城市规划的重要组成部分，并且经历了三次高潮期。

（一）邓小平“南方谈话”催生园区的建设热潮

1992 年，邓小平“南方谈话”为园区的发展提供了重要的思想指引，也使园区特别是开发区的发展模式在国家全面对外开放的步伐下逐步由沿海向内陆地区普及，原有的园区扩区和新开发区的建设催生了第一波园区发展高潮。为了规范园区的发展，原国家建设部在 1995 年出台《开发区规划管理办法》，对开发区的建设、规划，以及开发区发展与城市规划之间的关系进行了明确的规范，并依法对开发区实行管理。此外，国家也相应地颁布了对其他类型园区类似的管理办法，要求园区必须依法编制自身的发展规划，可以按照“园区总体规划和分阶段的详细规划”的编制方式向所在城市提交发展规划，在城市规划范围之外的园区也要按照新的管理办法执行。在国家规范园区发展的管理办法指引下，各地也纷纷出台园区规划管理办法，如上海市推出《上海市工业区规划编制技术要求（1994）》，北京发布《北京经济技术开发区条例（1995）》等。

（二）亚洲金融危机和土地财政共同催生园区发展热潮

1998 年的亚洲金融危机对东南亚、南亚、日本、韩国、中国香港等地都产生了极大的影响，也改变了园区对外贸易和吸引外资的发展形势。在外资和外贸受阻的情况下，地方政府因国家 1994 年分税制改革而推行的依靠土地资源开发获得地方税收的问题进一步凸显，园区成为地方政府推行土地财政、吸引外来发展资本的重要载体，这不仅加速了园区的发展，也开启了园区土地的资本化。各个城市园区为获取更多的外资而展开激烈竞争，招商引资的加剧也使园区陷入了不断追求扩张的“土地饥渴症”，催生园区的第二次发展高潮。

（三）“入世”带来的园区发展热潮

2001年中国顺利加入世界贸易组织（WTO），这一方面激发了各地经济发展的热情，另一方面为园区的发展带来了极大的利好，出现了新一轮省级开发区和高新区的设立以及原有园区的升级。随着中国经济整体实力的增强和外贸形式的变化，园区未来应对新的发展形势纷纷开启“二次创业”和转型升级，园区的发展迎来了新一轮的发展热潮。与此同时，由于园区的发展速度过快，园区数量迅猛增长导致不同园区之间同质化问题较为突出，园区之间的竞争日益恶化。部分园区为了快速吸引外资导致部分产业缺乏竞争力，无序的规模扩张使得园区的经营也面临着种种困难。

总之，1992—2002年是中国经济快速增长期，也是园区的大扩张、大繁荣期，为了规范园区的发展，国家也出台了一系列的政策文件，如1993年国家为防止开发区设立过热颁布了《关于严格审批和认真清理高新技术产业开发区的通知》，促进产业合理集聚和产业结构升级；1996年国家科委发布《国家高新技术产业开发区管理暂行办法》，推动开发区现代管理制度建立和完善；1997年国家科委出台《关于严格控制调整国家高新技术产业开发区规划面积的通知》，指导开发区加强基础设施设立，合理利用土地，提高土地的集约化利用程度；1999年科技部颁布《关于加速国家高新技术产业开发区发展的若干意见》，提出开发区应遵循产业链的招商模式，促进产业集群的发展。国家针对开发区制定和实施的各项鼓励和支持政策将开发区的发展与设立推向以产业集聚为特征的2.0时代，园区从单纯的规模扩大转向通过主导产业带动、重点项目推进的发展新阶段。

（四）园区快速发展时期长三角的创新发展

1992—2002年不仅是园区的快速发展期，也是长三角地区的黄金发展期。这一时期长三角创新发展都取得了非常亮眼的成绩。如

图 8-1 所示，1992 年，上海、江苏、浙江、安徽的高等院校在校学生人数分别为 11. 95 万人、15. 27 万人、6. 22 万人和 14 万人，培养的高素质人才在全国占据重要位置。随着长三角经济的快速发展，经济社会对高素质人才的需求量也呈现迅速增长的态势，长三角各个高校招生规模和培养优质人才的力度加大，2002 年上海、江苏、浙江、安徽的高等院校在校学生人数分别达到 33. 16 万人、70. 02 万人、39. 31 万人和 39. 57 万人，是 1992 年高等院校在校生人数的 2. 77 倍、4. 59 倍、6. 32 倍、2. 83 倍。

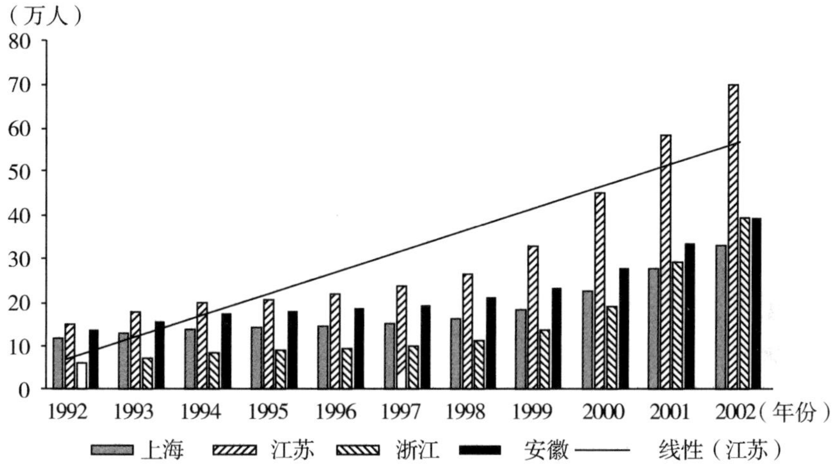

图 8-1　1992—2002 年长三角普通高等学校在校学生人数

资料来源：国家统计局官方网站。

根据北京大学企业大数据研究中心编制的地级市创新创业指数，长三角各城市在 1992—2002 年的创新活动也是非常活跃的。上海作为全国创新的领先者，其新建企业进入数、外来投资笔数、VCPE 投资数目、发明专利授权数目、实用新型专利公开数目、外观专利公开数目、商标授权数目等均处于长三角各个城市的前列，是长三角创新的“领头羊”。由于江苏、浙江、安徽三省的国家级园区和创新要素资源大多集中在省会城市，所以南京、杭州、合肥的创新表现最能代表这三省的创新能力，如图 8-2 所示。南京总创新指数 1992—2002 年的均值为 97. 44，人均创新指数的均值为 96. 31，单位面积的创新指数均值为 96. 45。这表明南京在这一时期创新表现良好，创新活动较为活跃。江苏省在开放发展中重视创新资源的引入，南京的新企业进入得分的均值为 96. 56，要高于人均创新得分和单位面积创新得分；外来投资数的平均得分高达 97. 92，外资大量进入的同时带来的新技术、新管理能够极大地激发南京本土企业的创新，形成创新的同群效应；此外，由于南京自身创新力量仍存在一定的不足，所以南京发明专利授权数目的得分有所偏低，均值为 88. 26。杭州的创新发展较南京活跃，这主要是得益于浙江鼓励民营企业发展的政策导向，民营企业规模相对较小，发展也更加灵活。杭州 1992—2002 年的创新指数均值为 99. 26，是同时期全国创新最为活跃的城市之一，人均创新指数也高达 98. 76。合肥市受安徽省经济发展与对外开放的影响的创新发展逊色于南京、杭州，新建企业进入、外来投资笔数、发明专利授权数目等创新得分都低于长三角的其他省会城市，创新能力也相对较弱。

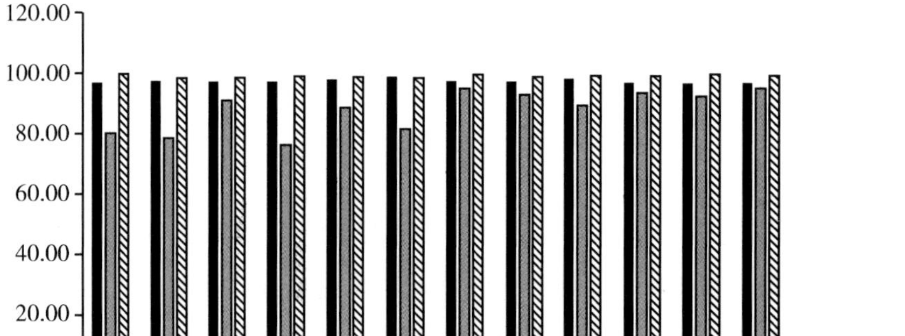

图 8-2　1991—2002 年南京、杭州、合肥创新指数

资料来源：北京大学企业大数据研究中心。

三　园区的稳定发展阶段（2003—2008 年）与长三角创新发展

（一）园区的稳定发展阶段

园区经过 10 年的快速发展之后，其赖以生存与发展的政治环境、经济环境、产业环境、社会环境都发生了重大变化。在政策环境方面，国家给予首批设立的国家级经济技术开发区的财政优惠政策已经到期，并且利用外资的政策和出口退税的政策也有了重大的调整，园区原来依靠政策优惠的发展模式受到了极大的挑战。在经济环境方面，在亚洲金融危机与加入 WTO 之后，各类园区与世界经济的关联度有所增强，受世界经济环境的影响也有所增大，加之以整顿土地市场秩序为指向对各类园区的清理，使园区的发展速率较之前有所放缓。在产业发展方面，国家提出了“致力于发展高新技术产业发展”的新要求，园区在进行外资引入和新进技术吸收方面承担着更多的责任，在工业化进程中提高产业能级，在更高层次的产业上出现“产业集聚”。园区在产业规模和结构方面都已经有了较大的提高的情况下，国家的政策支持在延续金融支持、国家化、进出口、管理制度优化、产业集聚等基础上，顺应国际技术转移新形势的要求，更加支持和鼓励引进先进技术、加强引进消化吸收和再创新、提高企业的自主创新能力和核心竞争力，注重园区内的服务型制造业的发展，并对园区内部的土地利用提出了更高的要求，鼓励不同园区之间的合作发展。虽然园区获得了较多的政策支持，但是经济社会的发展和国内外环境的变化对园区也提出了新的要求，加之园区自身前进遇到的各种问题接踵而来，因此对于园区的发展必须以更科学的发展观予以指导，进行更深层次的理性思考。2007 年国家发展改革委、科技部、国土资源部、建设部《关于印发促进国家高新技术产业开发区进一步发展增强自主创新能力的若干意见的通知》、2007 年科技部发布《国家高新技术产业开发区“十一五”发展规划纲要》、2008 年中央人民政府出台《促进国家经济技术开发区服务外包产业的指导意见》。这些发展政策不仅促进了开发区积极进行科技创新、探索技术转化的发展路径，还鼓励开发区大力发展面向生产的服务业，促进现代制造业与服务业融合发展，推动产业结构创新升级。园区的稳定发展阶段是其发展的3.0时代，是园区由单一的功能逐渐向多功能的综合性园区转变的重要时期，为其未来的转型升级打下坚实基础。

（二）园区稳定发展阶段的长三角创新发展

2003—2008年是园区稳定发展的重要阶段，也是长三角创新发展的重要时期。长三角三省一市作为中国区域经济发展的“先行者”和“排头兵”，在园区发展的助力下演化出各具特色的创新发展模式。上海园区众多，基础设施优良，人才资源富集，逐步演化出“外资研发+政府推动”的创新发展模式。上海的园区能够吸引创新能力极强的跨国公司入驻，这些实力强大的跨国公司将生产中心转移到上海的同时也开始将研发中心搬迁至上海，截至2008年底，上海已经拥有147家外资研发中心，集聚了全球的高端创新要素。上海外资研发能力的强大对本土企业形成了强大的技术溢出效应，并且在外企人员研发素质较高的带动下，相关产业的发展与本地研发机构创新能力都有了较快的提升。此外，上海政府制定了有利于创新发展的配套政策与产业规划，在创新发展的顶层设计和推动落实方面也发挥了巨大的作用。长三角的江苏、浙江、安徽省虽然创新要素与园区发展呈现扩张发展的态势，但省会城市的创新能力和创新水平依然可以很好地代表整个省的情况，如图8-3所示，杭州的创新能力略强于南京，与合肥相比居于绝对的优势，杭州在2003—2008年的平均创新指数为99.20，南京的这一指数为98.01，而合肥则仅为92.72。

四 园区的转型升级阶段（2009年至今）与长三角创新发展

（一）园区的转型升级阶段

园区的转型升级期的发展政策更加丰富和多元，除了延续前期

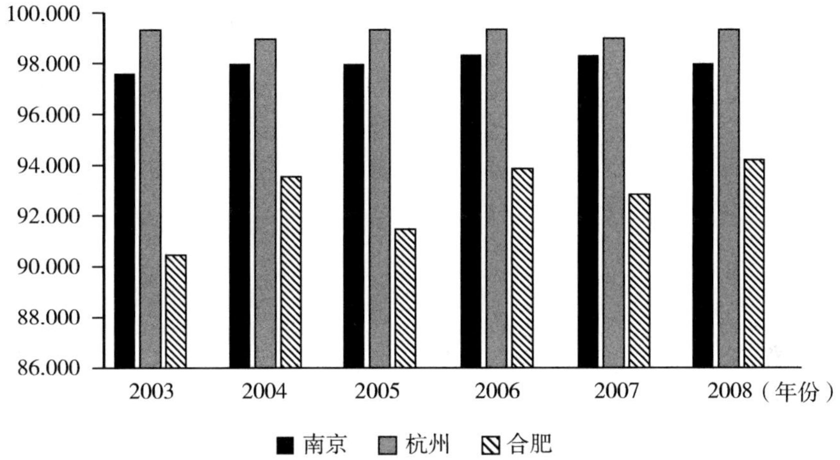

图 8-3 2003—2008 年南京、杭州、合肥创新指数

资料来源：北京大学企业大数据研究中心。

的金融支持、国际化、现代管理、产业集聚、产业升级等政策支持外，还增加了鼓励开发区之间进行跨区域合作、创新创业、和谐园区、绿色园区的建设等内容（如表 8-2 所示）。此外，国家为了区域间的平衡发展还扩容了国家级开发区的数量，让更多的中西部园区能够享受国家发展政策的优惠。2009—2018 年，中共各部委就开发区的管理体制发展、体制机制创新、科技创新和新兴产业发展、低碳绿色园区建设等方面发布了 162 条政策，包括股权和分红激励、支持企业自主创新税收、科技成果处置权、科研项目经费管理、科技金融、创新型人才等方面，充分调动不同级别、不同区域的开发区创新主体的积极性，营造出和谐创新的发展环境。

表 8-2 中国开发区发展四个阶段的主要事件与特征

阶段	时间范围	主要事件	主要特征
初始发展期	1984—1991 年	首次设立开发区	以金融支持、进出口和国际化等政策支持开发区的发展，使得开发区规模扩大，并出现保税区、金融贸易区等特殊类型园区

续表

阶段	时间范围	主要事件	主要特征
快速发展期	1992—2002 年	邓小平“南方谈话”	开发区数量快速增长，在全国的分布范围更加广泛，并逐步形成产业集聚
稳定发展期	2003—2008 年	加入 WTO	开发区主要以制造业和传统服务业为主，经济效应开始弱化，不同区域之间园区的同质化竞争日益激烈，开始注重园区的产业升级
转型升级期	2009 年—至今	创新驱动战略提出	开发区开始正视园区发展的问题，更加注重创新发展，不断进行转型升级

资料来源：笔者根据开发区网站公布的资料自行整理。

（二）园区转型升级阶段的长三角创新发展

2009 年到现今不仅是园区转型升级的重要时期，更是长三角城市创新资源要素加速流动、创新合作联系日益频繁的黄金期。2008 年国际金融危机的爆发对长三角经济发展造成了一定的冲击，为应对危机带来的影响三省一市开始进行密集合作，创新联系也由早期的省内核心城市向其他城市辐射转变为跨省的主核心、次核心城际多向交织合作，城市创新的合作结构也由“一主（上海）两副（南京和杭州）”转变为“一主（上海）三副（南京、杭州、合肥）”的多核心格局。长三角创新网络核心中心的不断增加和演化调整更有利于城市创新体系的建成。随着大数据、云计算、人工智能等新一代信息技术的不断推进，新兴产业的发展对创新要素的需求更大，上海、江苏、浙江等新兴经济发展较快的区域对创新要素流动的需求整体较高，安徽省除合肥市以外其他城市创新要素流动整体需求尚未显著上升，但潜力也巨大。创新要素的流动对长三角城市整体创新的提升发挥了重要作用，如图 8-4 所示，杭州市的年均创新指数为 99.22，达到改革开放以来创新发展的最高峰。南京的年均创新指数为 97.88，也达到了创新发展的极值。合肥在这一时期创新水平提升是最明显的，年均创新指数达到 95.53。

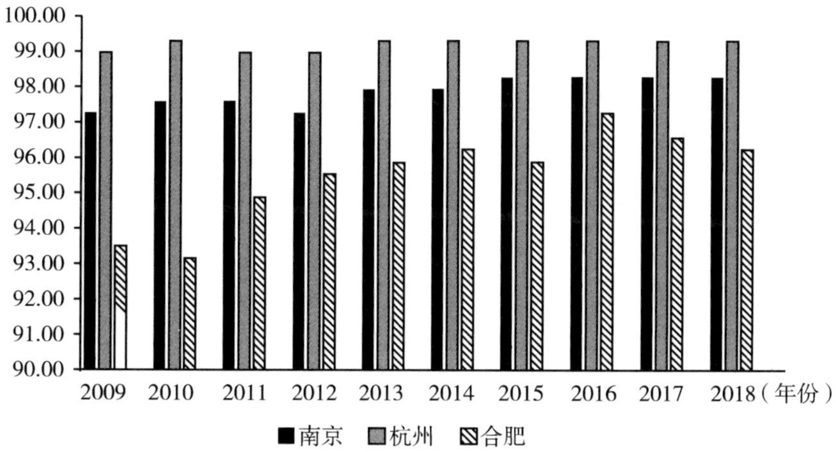

图 8-4　2009—2018 年南京、杭州、合肥创新指数

资料来源：北京大学企业大数据研究中心。

第三节　园区驱动长三角产业创新发展的作用机制

创新是民族振兴的前提，是挺进新时代的通行证，是国家兴旺的不竭动力。园区特别是高新区是国家实施创新驱动战略的重要载体，以其完善的基础设施建设、丰裕的资源要素、优化的政策措施等外部条件吸引了大量的创新要素，并在发展过程中为不同的创新主体之间搭建了独特的竞争与合作的平台，而竞争与合作平台则为创意孕育、创新推进和成果产业化构建了极佳的环境，成为推动整个城市甚至区域创新发展的主要力量。为进一步探讨园区对长三角创新发展的影响，本节着重分析园区驱动长三角创新的重要机制，为日后园区在驱动创新总结理论经验。

一　园区对长三角创新发展的影响机理总体概括

园区内部的创新行为是一个系统化的过程，并且随着创新要素的增加而产生新的创新行为，且不断向外溢出创新的动态演进过程。

首先，园区的建设与发展是政府有计划的政策措施，在基础设施配套以及管理方面都处于所在城市前列，也更容易在发展过程中获得国家的优惠政策，所以实力较强的企业会选择入驻园区，因此在外部环境和内部要素的驱动下，园区会形成优质企业集聚的良好局面。其次，当园区内部某些企业、组织或者创新部门带来了创新利益时，其他企业会在这种创新成果和超额利润的刺激下做出学习和模仿行为，使企业整体在创新利益的刺激下得到提升。再次，随着创新知识在园区更大的范围内蔓延，创新成果会影响到园区的每一个企业。这些企业通过与园区外部企业的经济往来将创新技术和创新成果传播到园区外，从而促进整个城市的创新发展。

图 8-5 展示了园区影响长三角创新的详细机制，即外部驱动、内部驱动、影响过程和影响效果。

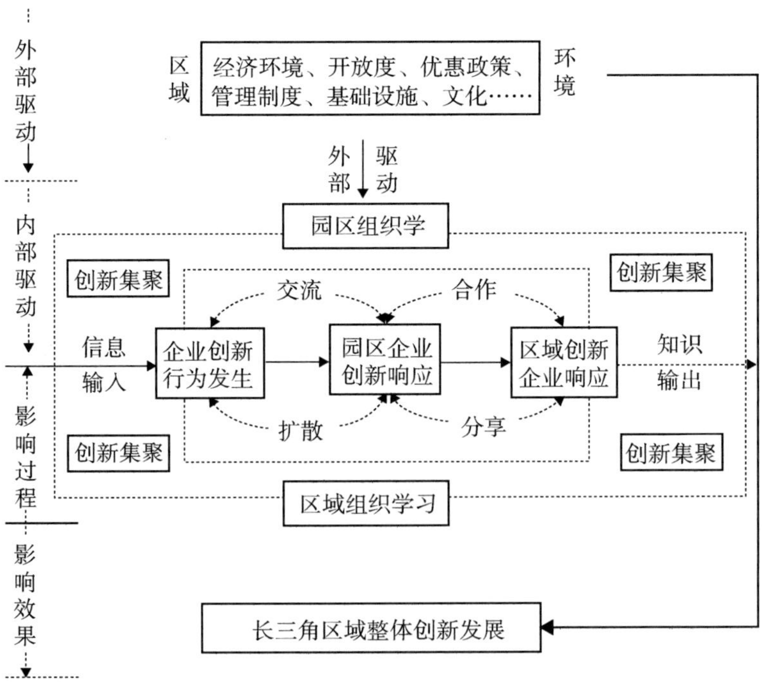

图 8-5　园区对长三角创新发展的影响机理

二　良好的政治经济环境对园区创新发展形成了强劲的外部驱动

园区内的企业大多会受到来自国家以及区域整体环境力量的影响，政治环境、经济环境、文化环境、开放程度、基础设施等不同的环境会产生不同的外部驱动效果，更加优越的外部环境能够更有利于园区发挥创新效应。

政治环境驱动。政府的政策引导和支持是创新发展的重要动力，支持性的财政政策、优惠的税收政策、优秀的基础设施、良好的营商环境、配套的专业服务等外部环境能够为创新发展提供便利和支持，引导着优势产业以及某些企业进行创新。政策引导创新虽然是一种“蓄意性”的安排，但也为创新提供了政策保障，企业也会利用这种有利的条件进行创新，从而提高自身的创新绩效和经济产出。

经济环境驱动。市场是创新的指挥棒，市场的需求引导着企业的经营管理和产品的发展方向。随着时代的发展和科技的进步，人均收入的提高会引发更加旺盛的市场需求，特别是对具有创新性的高技术产品的需求更盛，这形成了对园区创新的强大拉力。园区企业会在市场的“号召下”做出响应，致力于提高产品的功能效用和生产效率以满足市场多样化的需求，从而促使企业从生产技术、组织管理、资源配置等方面创新，实现更多的创新绩效。与此同时，园区形成的产业集聚也会引发同类型企业更加激烈的市场竞争，使得企业不得不积极创新来获取新的价值创造手段。

文化环境驱动。文化环境能够为创新提供智力支持和文化活力，是创新赖以生存的土壤，园区鼓励支持创新的文化也是其创新发展的重要驱动力。园区内入驻的企业大多实力较为雄厚，高素质和高能力人才比例较大，这些人才不甘于平庸，彼此至今会形成相互激励的良好氛围，为“自我价值的实现”和成就而积极地开展创新事业或者创造创新成果，园区的其他人才在这种氛围的影响下也会努力进行创新，从而形成一种创新的文化感召力。

开放程度驱动。对外开放式创新发展的重要推力，开放的区域与外界有着更多的资源、要素、产品流通，并且随着开放程度的提高资源流动更加频繁，也更容易获得外部的多种信息、技术和资金支持。园区的开放水平高于同期其他区域，国外创新技术、资源、资金也更容易在园区落地，而新的创新浪潮必然会影响到已经入驻的高新技术企业，这些企业为适应开放环境而变得更加积极创新，也能利用新的创新环境提高自身创新效率和成果。

基础设施驱动。园区内的道路、水利、建筑等基础设施大多优于区外，网络、通信工具、现代媒体等条件也较为优良，能够极大促进园区内的人员、要素、产品的流动，从而能够促进信息和知识的高效率传播和扩散，对创新产生积极作用。

三　创新要素集聚对园区形成了有利的内部驱动

园区对长三角创新的影响除了外部影响外，还要受到园区内部要素集聚的驱动作用。企业集聚、人才集聚都是影响创新发展的内部驱动因素。

企业集聚。园区以其优良的“软硬”条件吸引了大量的优质企业入驻，从这些企业的关系来看主要为竞争型和互补型两种。竞争型企业在生产、管理和产品方面都具有极强的同质性，为了在激烈的市场竞争中胜出，企业之间会主动学习和模仿对方企业好的经验从而提高自身的创新能力；竞争企业之间存在共同的利益，每个企业都会给对手企业形成强大的生存压力，这迫使每个企业都有通过创新来提升竞争力以获取更大市场利益的需求，促使企业主动进行创新。互补性企业虽然不具有业务上的竞争，但却处于产业链的不同环节，彼此之间相互需求、相互补充，产业链上的某一环节企业落后会影响整个产业的发展，并且互补性越强的企业信息与技术交流也越频繁，有利于促进企业的联合创新。

人才集聚。园区内部优质企业的集聚势必会带来人才的集聚，会形成“人才高地效应”，人才之间彼此竞争、相互攀比，创新型的人才被赋予极高的赞誉，进而促使人才竞相创新。当然，园区内的人才大多拥有专业技术，具有较高的学历和职业资历，学习新知识、理解新知识、运用新知识的能力都比较强，能够迅速洞察市场的变化并抓住关键问题进行创新，提高创新的效率和产出水平。此外，园区人才的集聚更有利于不同专业人才的交流，发挥自身的研发优势和学习优势，吸收不同行业的新知识与新技术，从而实现创新效率的提升，与此同时，企业的创新人员也能够从创新活动中获得自信和满足感。

四 园区对长三角创新发展的影响过程及效果

园区受到政治环境、经济环境、文化环境、开放程度、基础设施等外部驱动与企业集聚、人才集聚的内部驱动使其成为创新的先行者。创新活动和创新行为在园区内如火如荼地开展，这对园区外的企业产生了强大的竞争压力，区外企业为了能够获得相应的市场份额，也逐渐加入创新发展的大军，形成创新外溢。溢出效应一方面表现为创新型企业间的交流与合作，提高创新资源的利用效率，进而带来整个集群整体的知识水平和创新技术存量的增加，另一方面还可以形成强大的带动效应和示范效应，放大集群内部“集体学习”的功能，强化溢出效应，促进创新型产业集群成长。在集群不断发展壮大形成规模效应的同时也不断借助政府或法人机构搭建的中介服务网络体系加快创新扩散速度，推动创新成果转化，提升整个城市的创新能力和技术进步水平。

从影响效果看，从企业的角度看，国家高新区内每一个创新企业在创新的推动下，新知识、新技术、专利、发明、科研成果等创新成果逐渐增多，创新企业的经济产出水平逐步提高。从区域层面看，引起高新区内所有其他的创新企业共同参与到创新的浪潮之中，引起高新技术企业的个别行为和国家高新区群体行为的联合和互动。并且随着创新的深入，整个国家园区经济水平增加，国家高新区逐渐发展成为区域经济增长极和总部经济，引发对母城经济增长的强大带动作用。

第四节　园区驱动长三角产业创新发展的政策建议

结合本章的理论分析和实证研究的主要结论，进一步发挥开发区作为改革开放、产业发展、技术创新等方面的“排头兵”作用，使开发区成为推动城市经济高质量发展中的重要力量，本节提出以下三方面政策建议。

一　重视园区转型升级，强化园区的高质量创新发展效应

园区作为区域经济的增长极，以及改革开放的“排头兵”和“试验田”，在完善的基础设施、优化的政策支持下承担了经济改革的重要使命，并且在引进先进技术、利用外资、促进地区经济增长等方面做出了重要的贡献。但随着中国经济进入由高速增长向高质量增长的新时代，园区的使命自然就转化为提升城市创新发展质量。

首先，加强低能级开发区的规划引领作用，加强顶层设计。规划以其影响范围广、制定标准高等特点在经济社会发展中所起的作用越来越重要，要实现开发区的转型升级，就必须发挥规划的引领作用，加强顶层设计。低能级开发区在制定规划时要结合自身的资源禀赋特征，以更高一级园区在功能发展布局和区域发展定位来要求自身，高起点地编制后期的发展规划，重点发展“智能制造、绿色医药、新能源、新材料、工业服务业”等既能取得良好经济效益又能为子孙后代留下“天蓝、地绿、水清”生活环境的重要产业；建立健全企业的进入和退出机制，逐步淘汰不适合高能级开发区发展的落后产业和工艺技术，推动产业结构不断优化升级；整合已有的各类资源要素，升级开发区的基础设施和相关服务，推动开发区的转型升级。

其次，搭建符合高能级园区需要的各类服务平台，加强服务功能。区内的各种服务平台在吸引优质企业入园、盘活区内资源等方面具有重要作用，所以园区的转型升级离不开服务平台的搭建。低能级的开发区可以通过搭建科技孵化服务平台、产学研合作平台、科技创新服务平台、中小微企业创新创业服务平台等各类平台建设，为推动传统优势产业和发展新兴产业提供支持，使低能级开发区具备升级为高能级开发区所需的中介平台，从而促进园区转型升级。

再次，加强基础设施建设，保障招引项目落地。园区由低能级园区升级为高能级园区需要提高园区本身的项目承载力和各种配套能力，而项目承载力和各种配套能力的提升又能够吸引更高级别的项目入园，所以园区升级必须加强基础设施建设，打造工业、服务业大的发展平台，完善道路通达度和园区绿化，建设并优化各类仓储、物流、商贸、金融、休闲等功能片区，形成对优质项目强大的吸引力。在加强基础设施建设的同时改变招商引资策略，把招商引资的方向由过去的数量型向质量型转变，着力构建一批支撑作用大、科技含量高、产业链条长、辐射带动强的好项目落地生根，促进产业优化发展。

二　重视制度建设，为园区发展营造良好发展环境

制度是一个地区经济体制、政治制度、文化风俗、社会传统、法律制度等正式和非正式的制度的集合，能够充分反映当地的社会、精神、政治等文明程度，在经济社会发展过程中所起的作用越来越重要。根据本章的实证结论可以知道，开发区所处城市的制度环境越优越，市场化程度越高，园区对城市经济发展质量的提升作用越明显；反之，园区所处城市的制度环境越糟糕，市场化程度越低，开发区对城市经济发展质量的提升作用越不显著。为了促使开发区完成其所承担的政策使命，发挥其对城市经济发展的提升作用，就需要营造良好的发展环境。

首先，加快推进城市的各项规划，建设稳定透明的政策环境、及时高效的服务环境、公正严明的法治环境、诚实守信的市场环境、安全有序的社会环境，提升和完善城市发展的制度软环境和综合服务能力。优越的制度环境能够产生强烈的“集聚效应”，吸引项目、资金、技术、人才等不断地集合，积累到一定程度会形成强大的爆发力，促使经济发展质量实现跨越式的发展。

其次，稳步推进市场化改革，清除市场发展壁垒。市场在经济社会中有着资源配置、微观调节、优胜劣汰的重要作用，开发区在发展过程中要逐步加强市场化建设，破除阻碍市场力量发挥作用的各种有形无形壁垒，加大知识产权保护力度，形成平等竞争、规范有序、要素自由流动的市场环境，让市场在资源配置中发挥决定性作用。

再次，加大地区开放力度，清除各种体制机制障碍。开放在社会发展中的作用日益突出，对内开放不仅能够加强不同城市的交流与合作，使资源要素不断流动，而且能够发挥出“1+1>2”的重要作用；对外开放则能够利用国际、国内两种资源和两个市场发展经济。要积极加大开放力度，逐步放松对外资的准入限制，尽可能发挥外资的积极影响和作用。实行负面清单制度，逐步减少各种审批门槛和审批事项。

三　重视创新驱动发展，持续推动产业结构优化升级

随着中国经济由高速增长向高质量发展转变，创新成为经济发展的重要驱动力。因此，园区在发展过程中要牢固树立“创新驱动”的发展理念，形成创新产业集聚，充分发挥示范效应和联动效应，持续推动城市的创新升级。

首先，加强创新制度体系建设，不断增加创新的政策扶持力度。优化园区的财政支出和加大税收优惠力度，适当对安徽省的科技创新投入倾斜，优化创新政策的空间分布，完善创新制度建设，形成

创新资源的协调发展。在加大投入的同时，提高创新基础研究的效率，增强高校、科研院所、企业之间的联系，促进产学研协同发展，提高自主创新能力，探索创新发展的新模式。

其次，加速创新载体的建设，加快创新要素的集聚。在园区内加速建设各类创新载体，如技术发展中心、工程实验室、重点实验室、创新研究中心等，依托创新载体的建设加快创新成果的研发，形成创新技术与成果的发展优势。通过园区内创新成果的集聚，吸引并整合城市优质的科技资源，加强园区与城市的创新集聚功能。

再次，加快创新人才体系设立。在园区内设立各类创新人才资金支持项目，搭建创新人才服务平台，建立灵活多样的人才引进机制，吸引各个层次的创新人才，满足开发区的不同企业的人才需求。加大对高端人才的引进力度，为创新发展人才提供良好的物质条件的同时提高其精神生活水平，形成创新人才不断涌入的良好局面。强化产学研的深度融合，开展校企合作，加快发展现代职业教育，培养更多应用技能型人才。

最后，加快建立高端制造和新兴产业培育体系，加快产业的高端化。园区在发展过程中，应当结合自身的区位优势、产业基础、未来发展目标等情况，发挥资源、环境、制度等的比较优势，合理配置现有资源，发展具有比较优势的产业、培育有特色的产业，用主导产业和特色产业引导开发区产业规模的提升和结构的逐步优化升级，并且积极完善市场和法律机制，促进资源的自由流动，增强园区内外的合作意识，实现产业结构转型升级协同发展的良好局面，增强开发区对产业结构转型升级的带动作用。

参考文献

一　中文文献

1.《二十国集团数字经济发展与合作倡议》，2016 年 9 月，G20 官网，http：//www.g20chn.org/hywj/dncgwj/201609/t20160920_3474.html。

2.《国务院关于加快建立健全绿色低碳循环发展经济体系的指导意见》（国发〔2021〕4 号），中国政府网，2021 年 2 月 22 日，https：//www.gov.cn/zhengce/content/2021-02/22/content_5588274.htm。

3.《绿色经济、循环经济、低碳经济，三者之间究竟是什么关系?》《中国环境报》2017 年 10 年 9 日。

4. 陈天祥：《中国地方政府制度创新的角色及方式》，《中山大学学报》（社会科学版）2002 年第 3 期。

5. 程郁、陈雪：《创新驱动的经济增长——高新区全要素生产率增长的分解》，《中国软科学》2013 年第 11 期。

5. 川江：《稳住外贸外资“杀手锏”Ⅱ：打通加工贸易外转内“堵点”》，《中国商界》2020 年第 5 期。

7. 崔卫杰：《自贸区高质量发展的多维度思考》，《开放导报》2022 年第 2 期。

8. 丁邡、焦迪：《区块链技术在“数字政府”中的应用》，《中国经贸导刊（中）》2020 年第 3 期。

9. 冯立欣、胡平东：《中国地区产业结构同构化成因的博弈分析》，

《经济研究导刊》2009 年第 10 期。
10. 付国勇：《新形势下我国生物医药供应链安全分析》，“火石创造”公众号，2020 年 12 月 18 日，https：//mp. weixin. qq. com/s/dz0Qxes6vpyVzvnLrrOyTA。
11. 高超、金凤君：《沿海地区经济技术开发区空间格局演化及产业特征》，《地理学报》2015 年第 2 期。
12. 高超、金凤君：《沿海地区经济技术开发区空间格局演化及产业特征》，《地理学报》2015 年第 2 期。
13. 国家工业信息安全发展研究中心：《全国数字经济发展指数（2021）》，第三届工信安全智库论坛，2022 年 7 月。
14. 黄先海、王煌、刘堃：《新全球化背景下中国外贸战略重构——基于要素跨国自由流动视角》，《社会科学战线》2019 年第 12 期。
15. 黄徐亮等：《长三角地区产业转移特征及其影响因素》，《经济地理》2023 年第 1 期。
16. 姜传旭：《科创板生物医药企业估值研究》，青岛科技大学硕士学位论文，2021 年。
17. 孔令丞等：《长三角区域一体化扩容、协调集聚与区域创新》，《财经研究》2022 年第 12 期。
18. 雷曙光：《开发区扶持政策与企业生产率》，华东师范大学博士学位论文，2018 年。
19. 李靖、魏后凯：《基于产业链的中国工业园区集群化战略》，《经济经纬》2007 年第 2 期。
20. 李凯、任晓艳、向涛：《产业集群效应对技术创新能力的贡献——基于国家高新区的实证研究》，《科学学研究》2007 年第 3 期。
21. 李力行、申广军：《经济开发区、地区比较优势与产业结构调整》，《经济学（季刊）》2015 年第 2 期。

22. 李力行、申广军：《经济开发区、地区比较优势与产业结构调整》，《经济学（季刊）》2015 年第 3 期。
23. 刘菁：《江苏“三新”经济 同比增长 14.8%》，《江苏经济报》2022 年 7 月 8 日 A01 版。
24. 刘娟：《区域一体化视域下长三角数字政府协同建设的价值、困境与策略》，《湖南社会科学》2023 年第 1 期。
25. 刘骁毅：《中国金融结构与产业结构关系研究》，《财经理论与实践》2013 年第 3 期。
26. 刘于民：《智能化战争伦理问题探析》，硕士学位论文，国防科技大学，2019 年。
27. 刘治彦等：《长三角更高质量一体化面临的问题与策略》，《企业经济》2022 年第 10 期。
28. 龙云安、袁静、廖晓宇：《我国科技创新体系的运行机制、模式及构建路径探讨》，《金陵科技学院学报（社会科学版）》2021 年第 2 期。
29. 陆娅楠：《2022 年中国研发经费投入突破 3 万亿元》，《人民日报》2023 年 1 月 28 日第 1 版。
30. 罗超平等：《金融发展与产业结构升级：长期均衡与短期动态关系》，《中国软科学》2016 年第 5 期。
31. 孟凡琳、王文平：《长三角地区产业同构合意性研究》，《统计与决策》2021 年第 4 期。
32. 彭艳秋：《上海市经信委：全市新兴产业总产值占规上工业总产值比重提高到 43%》，澎湃新闻，2023 年 5 月 11 日，https：//m. thepaper. cn/newsDetail_ forward_ 23039195。
33. 戚聿东等：《数字经济下数据的生产要素属性及其市场化配置机制研究》，《经济纵横》2020 年第 11 期。
34. 清华大学经济管理学院互联网发展与治理研究中心等：《长三角数字经济与人才发展研究报告》，长三角数字经济与人才发展高峰论坛，2018 年 10 月。

35. 赛迪智库：《世界级先进制造业集群白皮书》，2020 年 9 月 14 日，http：//www. ccidwise. com/uploads/soft/200914/1-200914095Z0. pdf。中国银行研究院、全球经济金融研究课题组：《全球经济金融展望报告》，2020 年第 4 季度（总第 44 期），2020 年 9 月 28 日。

36. 上海市人民政府办公厅：《促进上海市生物医药产业高质量发展行动方案（2018—2020 年）》，上海市人民政府网站，2018 年 11 月 3 日，https：//www. shanghai. gov. cn/nw44238/20200824/0001-44238_ 57749. html。

37. 孙志洁：《浙江省新兴产业发展评价和发展驱动因素分析》，浙江工商大学硕士学位论文，2017 年。

38. 檀有志：《全球化的阶段性特征及未来方向》，人民论坛网，2021 年 5 月 16 日，http：//www. rmlt. com. cn/2021/0515/613506. shtml。

39. 天津经济课题组等：《京津冀协同发展进行时》，《天津经济》2015 年第 11 期。

40. 王慧：《开发区与城市相互关系的内在肌理及空间效应》，《城市规划》2003 年第 3 期。

41. 王缉慈：《高新技术产业开发区对区域发展影响的分析构架》，《中国工业经济》1998 年第 3 期。

42. 王龙兴：《2018 年中国集成电路产业融入全球半导体发展的展望》，《集成电路应用》2018 年第 4 期。

43. 王鹏权：《中美对外经济行为特征及其比较》，《当代世界社会主义问题》2020 年第 2 期。

44. 王永进、张国峰：《开发区生产率优势的来源：集聚效应还是选择效应?》，《经济研究》2016 年第 7 期。

45. 巫英等：《长三角创业生态系统发展现状、问题及对策研究》，《中国国情国力》2022 年第 3 期。

46. 谢侃侃：《数字共治视角下长三角城市群协同治理的主要实践与

对策分析》，《技术经济》2023 年第 2 期。

47. 许诺：《安徽，当“入长”压倒“中部崛起”》，新浪财经，2020 年 2 月 5 日，http：//finance. sina. com. cn/wm/2020-02-05/doc-iimxxste9109464. shtml。

48. 闫国庆、孙琪、陈超等：《国家高新技术产业开发区创新水平测度指标体系研究》，《中国软科学》2008 年第 4 期。

49. 姚战琪：《工业和服务外包对中国工业生产率的影响》，《经济研究》2010 年第 7 期。

50. 壹城经济咨询中心：《中国县域高质量发展报告 2022》，2022 年 7 月。

51. 于良春、付强：《地区行政垄断与区域产业同构互动关系分析——基于省际的面板数据》，《中国工业经济》2008 年第 6 期。

52. 张晓平、刘卫东：《开发区与我国城市空间结构演进及其动力机制》，《地理科学》2003 年第 2 期。

53. 张学良、林永然、孟美侠：《长三角区域一体化发展机制演进：经验总结与发展趋向》，《安徽大学学报》（哲学社会科学版）2019 年第 1 期。

54. 赵昌文：《全球产业链供应链分工逻辑的变与不变》，“中国日报中国观察智库”公众号，2022 年 1 月 20 日，https：//mp. weixin. qq. com/s/BvYtGeqIwtwe2wwi1zRIuA。

55. 郑国、王慧：《中国城市开发区研究进展与展望》，《城市规划》2005 年第 8 期。

56. 中国科学院大学国际资本流动与金融稳定研究课题组：《国际资本流动回顾和展望》，《中国金融》2022 年第 3 期。

57. 中华人民共和国统计局：《中国统计年鉴》，中国统计出版社 2021 年版。

58. 中商产业研究院：《2020 年中国生物药市场现状及行业前景研究报告》，“中商产业研究院”公众号，2020 年 6 月 2 日，https：//

mp. weixin. qq. com/s/nLhUXdGRv_ 0Mjt_ hL23dJA。

59. 中商产业研究院：《一文读懂“十四五”时期长三角地区新兴产业发展思路》，2021 年 2 月 22 日，http：//www. cinic. org. cn/sj/sdxz/zzjj/1040634. html。

60. 周民良：《大开发背景下的西部工业：进展、问题与前瞻》，《创新》2013 年第 6 期。

61. 周青：《全球产业链重构下的合围与中国的突围》，《环球经济》2021 年第 2 期。

62. 周正柱等：《协同创新背景下长三角区域科技创新一体化发展》，《科学发展》2020 年第 11 期。

63. 宗传宏：《遵循世界级城市群发展规律打造温暖优美弧线》，东方网，2021 年 3 月 3 日，https：//n. eastday. com/pnews/1614736858770l4979。

二　外文文献

1. Aghion, P. , Peter Howitt, David Mayer-Foulkes, “The Effect of Financial Development on Convergence: Theory and Evidence”, *The Quarterly Journal of Economics*, Vol. 120, 2005.

2. Allen, L., Jagtiani, J., “The Risk Effects of Combining Banking, Securities, and Insurance Activities”, *Journal of Economics and Business*, Vol. 6, 2000.

3. Beck, T. , Levine, R. , “Industry Growth and Capital Accumulation: Does Having a Market- or Bank-based System Matter?”, *Journal of Financial Economics*, Vol. 64, 2002.

4. Bencivenga, V. R. , B. D. Smith, and R. M. Starr, “Transactions Costs, Technological Choice, and Endogenous Growth”, *Journal of Economic Theory*, Vol. 67, Nxo. 1995.

5. Boot, A. , Thakor, A. , “Self-interested bank regulation”, *American*

Economic Review, Vol. 83, No. 2, 1993.

6. Dosi, G. , “The Nature of the Innovative Process”, In Dosi, G. , Freeman, C. , Nelson, R. , Silverberg, G. and Soete, L. Eds, *Technical Change and Economic Theory*, London: Pinter Publishers, 1988.

7. Ericson, R. , and Pakes, A. , “Markov-Perfect Industry Dynamics: A Framework for Empirical Work”, *Review of Economic Studies*, Vol. 62, 1995.

8. Greenwood, J. , J. M. Sanchez, and C. Wang, “Financing Development: The Role of Information Costs”, *American Economic Review*, Vol. 100, Nxo. 4, 2010.

9. Joyce, J P. , Nabar, M. , “Sudden stops, banking crises and investment collapses in emerging markets”, *Journal of Development Economics*, Vol. 90, No. 2, 2009.

10. Levine, R. , “Financial Development and Economic Growth: Views and Agenda”, *Journal of Economic Literature*, Vol. 25, No. 2, 1996.

11. Levine, R. , “Finance and Growth: Theory and Evidence”, *Handbook of Economic Growth*, Vol. 1, part a, 2005.

12. Malerba, F. , “Sectoral Systems of Innovation and Production”, *Research Policy*, Vol. 31, 2002.

13. Stulz, R. M. , “Financial Structure, Corporate Finance and Economic Growth”, *International Review of Finance*, Vol. 1, No. 1, 2000.

14. World Bank, “Measuring and Analyzing the Impact of GVCs on Economic Development”, Global Value Chain Development Report, 2017.

后　记

近年来，围绕长三角和上海产业创新开展了一系列研究，将这些研究成果进行系统整理，从而出版分享给更多的研究人员参考，是笔者从事20多年研究的习惯。锁在深闺无人知，成果束之高阁，是对智库研究成果最大的浪费。每一次调研和思考凝结成的研究成果对推动政府治理水平提升都有重要推动作用。

疫情叠加中美贸易“脱钩”的加剧，让更多的人看清了政治凌驾于全球经济自由化之上的力量仍然存在。中国产业发展如何突破重重障碍，走出自己的发展之路，是当下每一位参加其中的企业家、政府管理者和学者都需要认真面对的课题。

危难之时方显英雄本色，经济环境差的时候更能发现智库研究人员的独立学术价值。2018年6月6日，受著名经济学家魏尚进教授邀请，笔者离开了熟悉的政府部门，来到复旦大学泛海国际金融学院专职从事智库工作，在复旦任职期间，2018年后又作为上海华夏经济发展研究院的创始人，招兵买马，筹集课题经费，培养青年研究人才，一切从头开始。在上海市经济委员会和上海市商务委员会工作期间，笔者一直从事政府产业规划研究和规划编制。5年多来，一路披荆斩棘，在沙海林先生和李志伟先生的大力帮助下，笔者带领华夏研究院的青年研究员们，收获了诸多荣誉，智库成果也得到了时任上海市委书记李强和市长龚正的重要批示，很多智库成果转化成了政府文件，青年研究员们更是直接参与到了文件的起草过程。写本书后记的时间恰好是 2023 年 6 月，满满的获得感充满心间，特别是培养了 5 位可以在各自领域独当一面的全职研究人员。

2023 年 6 月最后一周的安排中可以看到付出后的成就和喜悦，笔者同时组织了三个带“国家”的会议。

6 月 26 日，在国家会展中心组织召开中国国际进口博览会溢出效应论坛第一次筹备会议（经过 5 年连续举办，第六年进入中国进口博览会配套活动）。

6 月 27 日，在复旦大学组织国家绿色基金公司内控风险管理制度课题结题会议。

6 月 29 日，在国家开发银行上海分行，组织支持上海四大“新赛道”产业发展的金融创新课题结题会议。

两项课题结题结束了 2023 年上半年的工作，筹备会议开启下半年的新任务。新冠疫情后经济逐步复苏，国家在行动，匹夫有责的自豪感和责任感油然而生。

长三角产业发展聚焦强化高端产业引领功能，加快产业数字化转型，产业基础能力和自主创新能力显著增强，高端产业重点领域从国际“跟跑”向“并跑”“领跑”迈进，在产业规模、能级、关键核心技术上联动发展的格局已经确定，由创新驱动、高端引领、赋能融合、集群发展的长三角一体化“硬核”产业体系已具雏形，以上海为核心的“中国芯”“创新药”“蓝天梦”“未来车”“智能造”“数据港”等“硬核”产业是本书的核心聚焦点，创新成为把握长三角增长动能转换、资源配置方式优化和产业链关键环节竞争力提升的关键点，也是应对“对抗或遏制已经形成的供应链节点国家的控制力”等供应链“去中国化”战略举措的制胜点。

本书的主要观点在《经济日报》《解放日报》·上观、学习强国、《中国经济时报》等主流媒体上公开发表了多篇文章，得到了包括上海市哲学社会科学规划办公室上海发展动力研究、上海市经济和信息化委员会的生产性服务业发展战略研究、制造业与服务业融合发展研究和上海产业技术创新战略研究，以及国家开发银行三大“硬核”产业战略研究近 5 个相关方面课题的支撑，部分研究成果已转化为上海生产性服务业“十四五”规划的主要内容。

本书由耿中元教授、张艳晖博士、刘慧博士、王再平博士、潘红虹博士、齐超颖博士、孙彦博士、徐明璐博士、李鑫博士和肖晓等历时三年时间共同研究完成，特别感谢第五章的作者耿中元教授、杜啸添对第七章产业聚集的研究、李鑫博士完成的第六章、刘慧博士完成的第八章研究工作。孔雪不仅参与了书稿的撰写还对全书进行了统稿和完善，在此对各位的辛勤付出表示衷心感谢。诚挚感谢复旦大学经济学院院长张军教授为本书作序，以及在张延人博士的协助下获得复旦大学长三角研究院的出版资助，使得本书的研究成果能够尽早让更多读者参阅。

李清娟

2023 年 6 月于上海圣地维拉